KB034208

틈새독서

틈새 독서

지은이 | 김선욱
펴낸곳 | 북포스
펴낸이 | 방현철

1판 1쇄 찍은날 | 2008년 12월 10일
1판 2쇄 찍은날 | 2010년 10월 11일

출판등록 | 2004년 2월 3일 제313-00026호
주소 | 서울시 마포구 합정동 414-18 402호
전화 | 02-337-9888
팩스 | 02-337-6665
전자우편 | bhcbang@hanmail.net

ISBN 978-89-91120-24-2 03020

값 12,000원

* 잘못된 책은 바꾸어드립니다.

틈새
독서

김선욱 지음

너, 언제나 곁에서 나를 지켜보고 있구나.

너, 손 뻗어 다가가면 조용히 자신을 열어 보이누나.

너, 모든 걸 주면서도 내세우거나 자랑하지 않는구나.

너, 벗이라 떠벌리지 않으나 진실한 벗처럼 우정을 드러내는구나.

내 너를 두고 달리 벗으로 삼을 이가 있을까

내 벗이 몇인고 하니 책뿐인가 하노라.

북포스

벗이 몇인고 하니
책뿐인가 하노라

너, 언제나 곁에서 나를 지켜보고 있고나

너, 손 뻗어 다가가면 조용히 자신을 열어 보이누나

너, 모든 걸 주면서도 내세우거나 자랑하지 않는구나

너, 벗이라 떠벌리지 않으나 진실한 벗처럼 우정을 드러내는구나

내 너를 두고 달리 벗으로 삼을 이가 있을까

내 벗이 몇인고 하니 책뿐인가 하노라

어린 시절 한때 책을 무척이나 좋아했다. 친구들을 참 좋아했지만 친구 못지않게 책이라는 친구도 많이 좋아했다. 틈만 나면 책 속으로 뛰어들었다. 책 속에 모든 것이 있었다. 위인,

스승, 친구 등 만나고 싶은 사람들이 모두 거기에 있었다. 책과의 만남을 통해 많은 걸 배울 수 있었다.

독서는 여행이다. 과거로의 아름다운 추억 여행이며, 미래로의 행복한 상상 여행이다. 책은 기차가 되고 비행기가 된다. 지금 여기에선 소풍과 같은 즐거운 도보 여행이다. 우리를 원하는 곳으로 데려다주는 발길이 되어주리라.

사람은 그가 읽는 책에 의해서 만들어진다고 한다. 본래 인간은 생각하는 대로 이뤄지는 존재인데, 책을 읽으면서 생각의 세계가 넓어진다. 다양한 책을 읽으면서 스승을 만나 배우고, 위인을 본받으며, 친구를 따라 하면서 점점 크고 아름다운 생각을 하게 된다. 곧 그런 존재가 된다. 이것이 아무리 어려운 상황에 처하더라도 '틈새 시간'을 이용해서 책을 읽어야 하는 이유이다.

세계에서 가장 영향력 있는 여성이자 부자인 오프라 윈프리는 어린 시절 고통스러운 삶 속에서도 책을 친구 삼아 지냈다고 한다. 그녀가 위대한 성공을 거둔 것은 우연이 아니라 책을 통해서 만들어졌던 것이다.

어느 유명한 저자는 인류의 95퍼센트는 대부분이 인생에서 실패할 것이라고 장담했다. 그 이유를 95퍼센트의 사람들은 책을 읽지 않으며, 인생에 꼭 필요한 마음을 계발하지 않기 때문이라고, 독서하지 않는 인생의 비참함을 꼬집어 말했다.

오늘날 우리는 정신없이 바쁘게 생활하고 있다. 치열한 경쟁 사회이고 성취 지향적인 사회이기 때문에 더 열심히 일하고 다양한 활동을 해야만 한다. 그래서 늘 시간이 부족하기 마련이지만 누구에게나 틈새 시간은 존재한다. 독서의 필요성을 느끼기만 하면 이러한 틈새 시간을 책 읽는 데 활용할 수 있을 것이다. 책을 읽지 않으면 성공할 수 없다는 명제에 비춰보면, 틈새 독서는 바쁜 현대인들에게 성공적인 인생을 위한 중요한 생존 전략인 셈이다.

조그만 차이가 커다란 결과를 낳는다. 아무리 책을 멀리하는 사람들이라 해도 15분, 30분 틈새 시간을 이용하여 꾸준하게 책을 읽기 시작하면 독서 습관이 생길 것이다.

우선 가벼운 마음으로 독서 여행을 해보자. 처음에는 15분씩만 책을 읽어도 좋다. 독서 습관이 자리 잡으면 점차 다양한 틈새 시간을 만들어낼 수 있다. 이러한 틈새 독서 방법을 배워 인생을 풍요롭게 가꾸어나간다면 성공적인 인생을 영위할 수 있을 뿐만 아니라 행복하게 살 수도 있다.

과거로 인해 오늘이 불행하다면 한번쯤 자신의 인생을 돌아보고 성찰해보아야 한다. 과거의 지배적인 생각이 오늘의 나를 만든 것이다. 대개 그런 생각은 자기 잘못이거나 인식 부족에서 기인한다. 독서를 통해서 바르게 생각하는 법을 깨우치고 나면 더 이상 과거에 연연하지 않게 된다.

뒤돌아보면 까마득하게 느껴지는 기억의 편린들을 간간이 주위 담을 수 있다. 어떤 깨달음에서였을까, 진정한 벗은 '책'뿐이라고 노트 한구석에 적어둔 기억이 난다.

그런데 어떤 이유에서였을까 나는 한동안 책을 가까이 하지 않았다. 남들처럼 취미로 조금씩 책을 읽었지만 친구처럼 가깝게 지내지는 못했다. 20년이 넘도록 책과 격조했다. 하긴 이별이 있었기 때문에 재회가 더욱 소중하게 느껴질 것이다.

자기실현적 예언은 성취되는가 보다. 나는 다시 책의 세계로 돌아왔다. 언제 어디를 가나 책과 함께하며 틈만 나면 책을 읽으며 산다. 책을 호흡한다고나 할까. 아무리 친한 벗이라도 이처럼 가까이 할 수는 없을 것이다. 외롭고 힘들 때엔 위안과 격려가 되었으며, 고통과 고난에 맞설 용기를 주었다. 무료하고 심심할 때는 웃음과 즐거움을 선사했고, 여행길엔 동반자가 되어주었다. 아침에 일어나면서부터 잠자리에 들 때까지 한시도 떨어지지 않았다. 이처럼 가까운 친구를 어디서 찾을 수 있겠는가. 어렸을 적 친구들은 하나둘 자신의 길을 가기 위해 떠나갔지만 책만은 내 곁을 떠나지 않았다. 진정한 벗은 친구들이 아니었다. 그렇다고 수석송죽월水石松竹月도 아니다. 내게 남은 벗은 책冊뿐이다.

    책을 읽으며 사는 사람은 행복하다. 그래서 나는 독서하면서 여행하는 현재의 삶이 즐겁다. 게다가 독서를 통해 더 나은 미래를 만들어나갈 수 있기 때문에 기쁠 수밖에 없다. 책은 언제나 말없이 나를 반겨 맞이해준다. 조용히 자신의 세계를 열어 보인다. 나는 마음껏 이 책 저 책 속으로 뛰어 들어간다.

    이제 아름다운 미래로 상상 여행을 떠나고 싶다. 수많은 책으로 만들어진 우주선을 타고 가는 여행이다. 그리운 옛 친구들에게 함께 가자고 손을 내밀고 싶다. 그들의 가족과 이웃들과도 동행하고 싶다. 그 여행 속에선 모두가 책을 읽으며 배우고 성장하여 서로를 비추는 등불이 되어준다. 책을 통해 살며 사랑하며 배우며 깨닫는 삶이다. 아, 얼마나 아름다운 삶이란 말인가.

    상상 여행에서 현실로 돌아오면 슬프다. 너무나 많은 사람들이 책을 멀리한다. 잃어버린 친구들을 영영 만날 수가 없다. 마음과 마음을 나누며 만날 수가 없다. 이 세상 사람들이 책을 읽으며 행복하게 살았으면 좋겠다. 제발 함께 책을 읽으며 살자고 권하고 싶다.

    나는 행복하게 살고 있다. 너무나 부족하고 부끄럽지만, 용기를 내어 책을 사랑하면서 살아온 시간을 열어 보이는 것은 타산지석이 되었으면 하는 간절한 마음 때문이다. 상상하는 대로 이루어진다고 했던가. 그렇다면 늘 모든 사람들이 함께 독서 여행을 떠나는 상상을 하고 싶다. 세상 사람들 모두가 틈새 독서로 책을 벗하며 행복하고 성공적인 삶을 누렸으면 참 좋겠다.

2008년 겨울
김선욱

차 례

02 | 틈새 독서를 권함

03 | 틈새 독서의 기술

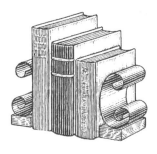

04 | 책에게 길을 묻다

01

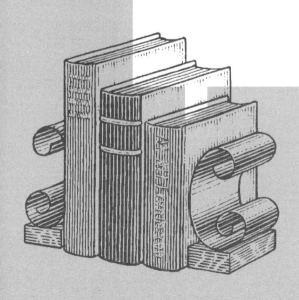

내가
책을
권하는
이유

책 읽는
사람은
행복하다

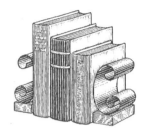

어디를 가나 책 읽는 사람은 행복하다. 잠시의 기다림도 여유가 있어 좋다. 먼 길을 가도 책을 끼고 가면 지루하지 않다. 무엇보다 책을 읽는 자체가 즐거움이다. 과거도 미래도 책 속에서는 현실처럼 실감 난다. 그곳에 열심히 산 사람들의 숨결도 위대한 사랑을 위해 목숨을 버린 사람도 깨달음을 위해 모든 것을 버린 현자도 살아 있는 듯, 우리 곁으로 다가온다. 책을 읽는 사람은 마냥 행복하다. 나는 그런, 책 읽는 사람들을 사랑한다.

나는 돌아온 탕아다. 어려서 한때 책을 많이 읽었지만, 중학교에 들어가면서부터는 평범한 사람들처럼 취미 정도로 가끔씩 읽었을 뿐이다. 20여 년 동안 책을 멀리하다가 뒤늦게 깨닫고 나서야 책의 품으로 돌아온 것이다. 37살 무렵부터 겨우 책을 가까이 했다.

약 10여 년 정도 책을 열심히 읽었다고는 하지만 많이 부족하다는 것을 잘 알고 있다. 그럼에도 불구하고 이렇게 펜을 든 것은 앞으로도 열심히 책을 읽겠다는 나 자신과의 약속을 지킬 자신만은 있었기 때문이다.

앞으로도 40년은 너끈히 책을 읽을 수 있으리라는 소망으로 나는 오늘도 책장을 넘긴다. 앞으로도 변함없이 학문하는 마음으로 책을 읽는다면 많이 배우고 성장할 수 있으리라 결심하니 마음의 부담이 줄어들었다.

늘 그렇지만 책을 읽으면서 고마운 마음을 갖게 된다. 앞서 공부한 이들의 땀과 노력의 결정체가 책 아닌가. 그 덕분에 우리는 편안하게 책을 읽으면서 배우고 성장하는 것이다.

책의 수혜자로서만 머물러서는 안 되겠다 싶은 마음이 든다. 미래의 세대에게 조금이라도 도움이 되는 책을 남기는 것이야말로 혜택을 입은 자가 마땅히 해야 할 의무일 것이다. 그래서 그동안 인생 공부를 정말 열심히 해서 나중에 꼭 좋은 책을 남겨 보답해야겠다는 결심을 해왔던 건지도 모르겠다.

사람들을 만나면서 상담하는 일을 하다 보면, 안타깝지만 많은 이들이 그다지 행복하게 살고 있지는 않구나 하는 생각이 절로 든다. 그러는 동안 사람들이 참 행복하게 살았으면 좋겠다는 간절한 마음이 차곡차곡 쌓여갔다. 그래서 '행복'에 관한 공부를 시작했고 끊임없이 사색하고 정리를 하다 보니 우리들이 왜 행복할 수 없는지를 조금이나마 짐작하게 되었다.

독서, 사랑, 행복을 전하고 싶다

언젠가는 행복에 관한 책을 쓰리라는 나 자신과의 약속을 늘 가슴속 깊은 곳에 묻어두었는데, 책을 써서 세상에 내기에는 아직 너무나 부족한 나의 바람이 이루어진 지금, 책임감이 한 층 더 무겁게 다가온다.

사실 평생에 걸쳐 책을 열심히 읽으며 산다는 것은 극히 어려운 일일 것이다. 평생에 걸쳐 책을 읽으며 살아가기 위해서는 부단히 자신을 갈고닦지 않으면 안 된다. 나 또한 그럴 수밖에 없을 테지만, 학생 시절 소홀했던 책 읽기를 만회하며 장년의 보람 있는 생활을 위해서라도 손에서 책을 놓지 않을 생각이다.

많이 부족한 사람이지만 나는 참으로 행복하게 살고 있다고 감히 말할 수 있다. 책을 읽으면서 살며 사랑하고 배우고 깨달아가고 있기 때문이다.

나는 책 읽는 삶을 사랑한다. 그리고 책 읽는 사람들을 사랑한다.

세상 사람들이 책을 통해 행복하게 살기를 간절하게 소망한다. 앞으로도 독서, 사랑, 행복을 전하는 데 최선을 다하고 싶다. 무엇보다도 나 자신 열심히 책을 읽으며 행복하게 살고 싶다.

책을 읽음으로써
우리는 우리의 세계와 역사 그리고
우리 자신을 발견하게 된다.
- 다니엘 부어스틴

독서 인생에도 청사진이 필요한 이유

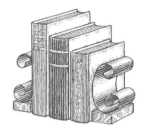

재물을 잃으면 조금 잃는 것이요, 명예를 잃으면 많이 잃는 것이요, 건강을 잃으면 전부를 잃는 것이다.

건강이 최고라는 것을 절절하게 깨달은 적이 있다. 몇 년 전 갑자기 입이 돌아가는 병에 걸렸다. 구안와사 말이다. 입이 돌아가니 보기도 흉할 뿐만 아니라 식사를 제대로 할 수가 없다. 한쪽 근육이 움직여지지 않으니깐 웃어도 한쪽만 입꼬리가 올라가면서 이상한 모습이 되었다. 환하게 웃을 수 있는 것만도 엄청난 행복임을 뼈저리게 느꼈다.

길고 긴 인생에 있어서 건강 말고 또 중요한 것이 있다면 무엇일까. 사람마다 다르겠지만, 나는 무엇보다도 사랑과 경제력을 꼽고 싶다. 돈 때문에 괴로워하지 않고 사랑하는 사람과 일생 동안 건강하게 산다면 행복한 인생이 아닐까.

건강, 사랑, 경제력을 위한 행복한 설계도

행복한 삶을 위해 인생이라는 집을 지을 때 가장 먼저 해야 할 일은 무엇일까. 집을 지을 때처럼 설계도를 그리는 일일 것이다. 높게 지으려면 기초를 튼튼하게 해야 한다. 기반을 제대로 잡지 않고는 아무리 아름다운 집을 지으려고 해도 소용이 없다. 기초를 완전하게 해놓고 기둥을 세우고 지붕을 올리고 벽을 친 다음에야 방을 꾸미고 장식물을 들여놓을 수 있다. 그런데 우리는 모든 것을 무시하고 먼저 방 안을 장식하려고 한다. 그러니 아무리 아름답게 꾸며본들 얼마 가지 못하고 만다.

인생이란 집을 지을 때 튼튼한 기초란 무엇일까. 그것은 바로 건강, 사랑, 경제력일 것이다. 이것은 모든 인간에게 공통된 것이다. 물론 상황에 따라서 덜 중요한 게 있을 수 있겠지만 이러한 흔들림 없는 기초 위에 직업, 종교, 취미, 인간관계, 사회적 성공, 명예 등의 2차적 요소들이 충분히 갖춰질 때 참으로 행복한 인생을 영위한다 할 수 있을 것이다. 그렇다면 어떻게 하면 인생계획을 제대로 세울 수가 있을까. 그것은 인생 공부를 통해서 가능할 것이다.

오늘날 우리는 학교 공부는 하지만 인생 공부는 하지 않는다. 학교 공부를 하고 나서 취직하고는 공부를 끝낸다. 인생을 제대로 살기 위해서는 인생 공부를 해야만 하는데도 책을 덮어버린다. 그러니 어떻게 인생을 꾸려나가야 할지 모른다. 그저 남들이 하는 대로 따라 하면 그만이다. 모두 커닝을 하여 자기 것인양 여긴다. 어려운 상황에 처하면 쉽게 쓰러지고 만다. 남들처럼 돈만 벌면 행복할 것이라고 생각하고 일만 열심히 하다 덜컥 병에 걸려 쓰러지고 마는 경우도 있다. 그러한 인생관은 자기 것이 아니기에 자신을 지켜주지 못한다. 그렇기 때문에 경제적으로 성공한 사람이나 명예를 얻은 사람이 스스로 목숨을 끊기도 한다.

독서 인생에도 청사진이 필요하다

자, 여기서 진지하게 묻지 않을 수가 없다. 독서의 목적은 무엇인가? 즐거움의 추구, 지식(정보)의 습득, 호기심 충족, 관심 분야 연구, 진리의 추구, 인생 공부 등 다양한 독서의 목적이 있을 것이다. 취미로 독서를 한다는 사람도 있을 것이다. 하지만 조금 더 깊이 생각해보아야 하지 않을까.

집을 지을 때처럼 독서 인생에도 청사진이 필요하다. 독서의 가장 큰 힘은 객관적 지식의 습득에 있다. 책은 인생을 풍요롭게 해줄 각종 정보나 유익한 지식을 습득할 수 있는 좋은 원천이다. 그러니 독서가 인생 전체를 떠받쳐줄 인생 공부를 위한 수단이 되어야 하지 않는가.

독서는 '인생 공부'라는 청사진을 그리는 붓이어야 할 것이다. 인생을 살아가는 데는 어떤 지식과 교양이 필요하며, 어떤 책들을 통해서 그런 지식을 습득할 것인지를 먼저 생각해야 할 것이다. 일생에 걸쳐 어떤 책들을 읽어야 하는지 독서계획을 세워야 한다. 처음에는 멘토 혹은 전문가에게 자문을 구하면서 자신만의 독서 공부계획을 세워나가면 좋을 것이다. 이렇게 하다 보면 어떤 경우라도 흔들리지 않는 인생계획을 완성시켜 나갈 수 있다. 결국 자기 자신만의 인생을 살 수 있을 것이다.

그렇다면 인생 공부에서 가장 기본적이면서도 중요한 내용은 무엇일까. 인간에 대한 올바른 이해(자신), 바른 정보의 습득(건강, 돈), 인간과 세상에 대한 폭넓은 이해(경험)를 위해서 먼저 공부해야 하지 않을까. 소크라테스가 수천 년 전부터 '너 자신을 알라'고 외쳤건만 우리는 인간이라는 존재, 즉 자기 자신에 대한 이해가 너무나 부족하다. 자기 자신을 보다 정확하게 알 때까지 공부를 해야만 한다. 그뿐만이 아니다. 대다수의 사람들이 건강의 중요성을 알지만 어떻게 해야 건강하게 살 수 있는지는 잘 모른 채 전문가라는 사람들의 판단에 맡겨버린다. 얼마나 위험한 일인가. 건강의 원리를 알기 위해 스스로 공부를 해야만 한다. 또한 우리는 자신이 속해 있는 사회, 국가 그리고 지구에서 벌어지는 일에 대해 잘 이해하지 못한다. 자기 자신의 관점에서 바깥세상을 보지 못하기 때문이다. 보다 폭넓은 관점을 가질 수 있도록, 다른 사람의 입장에서도 세상을 볼 수 있도록 공부해야만 한다.

이렇듯 체계적인 독서가 중요하다. 일생 동안 행복하게 살아가는 데 꼭 필요한 정보들을 습득하면서 각자 개성에 따라서 독서의 여러 가지 다른 효용들을 추구해도 좋을 것이다. 그것은 먼저 튼튼하게 집을 지은 다음 가구나 소품을 이용하여 아름답게 장식하는 것과 마찬가지다.

이것은 부자든 교수든 혹은 학자든 누구에게나 해당될 것이다. 그가 설령 글을 쓰는 작가든 시인이든 마찬가지다. 이것만이 독서를 하는 사람이 그렇지 않은 사람보다 풍요로운 인생을 사노라고 큰소리칠 수 있는 이유인 것이다. 그래야 우리는 비로소 책을 가까이 하지 않는 사람들에게 독서를 권할 명분을 얻을 수 있다. 책 읽는 삶이야말로 행복하고, 적어도 불행하지 않을 수 있다고, 인생에서 실패하지 않을 수 있다고 말이다.

나는 인생 공부를 하기 위해서 책을 읽는다. 시간대별로 나눠서 다양한 책을 읽는 이유가 여기에 있다. 건강에 대해서 깊이 공부하는 이유도, 깨달음에 대해서 꾸준하게 공부하는 이유도 마찬가지다. 그런데 인생 공부를 하기 위해 책을 읽어도 책 읽는 즐거움을 흠뻑 누릴 수 있다. 다양한 책을 읽으면서 소소한 재미를 느끼고, 지적 호기심도 충족시킬 수 있고, 다른 사람의 경험에 공감하는 즐거움도 얻는다.

나는 한 분야의 책만 고집하지 않는다. 문학 작품도 읽고 실용서는 물론 이해하기 어려운 고전을 피하지도 않는다. 먼저 생명을 지키고, 내 존재를 파악하고, 행복한 삶에 관한 지혜를 얻을 수 있는 책부터 읽는다. 생활에 필요한 재테크, 주식, 부동산 등에 관한 책도 읽는다. 직업에 필요한 보험, 영업, 마케팅, 회사 경영에 관한 책도 읽는다. 시집이나 수필집도 읽는다. 이렇게 다양한 분야를 섭렵했을 때, 어떤 한 분야에 대해 폭넓은 이해가 가능하다. 소설책만 읽으면 소설 속에 파묻혀 자신을 잃게 되지만 소설책도 읽으면 삶의 묘미를 터득하게 된다. 소설 속 주인공과 동일시하거나 대리만족하는 것에서 그치지 않고, 인생 전체 속에서 한 사람의 삶을 다양한 관점으로 조망해봄으로써 나 자신의 삶을 돌아보고, 또 내가 나아갈 바를 밝히는 데 필요한 지혜를 얻게 된다.

책을 얼마나 많이 읽었느냐가 아니라 책을 읽어서 인생 공부가 얼마나 되었는가가 중요하다. 책을 통해서 얼마나 삶이 풍요로워졌는가가 중요한 것이다.

나는
버려진 마음을
수집하는
마음 사냥꾼

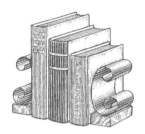

내가 헌책방을 찾는 이유는 단순하다. 경제적인 측면이 첫째다. 좋은 책을 무척 싼값에 살 수 있다는 것보다 더 좋은 이유를 발견할 수 없다. 새 책 한 권 값에 몇 권, 운 좋으면 네댓 권의 책을 살 수 있으니 얼마나 좋은가. 헌책이라고 해서 오래되어 누렇게 변색된 책이거나 너덜너덜해서 읽을 수 없을 정도로 해진 것이 아니다. 그것들이 헌책이라는 푸대접을 받는 것은 바로 주인에게서 버려졌다는 이유 하나뿐이다. 그게 어떤 이유더라도 말이다. 중고 책도 아니다. 한 번도 읽히지 않은 책도 많으니까. 어찌 되었든 여러 권의 책을 싼값에 사는 것만큼 기분 좋은 일도 없다.

그렇다고 내가 새 책을 사지 않는 것은 아니다. 나는 적어도 한 달에 10만 원어치 이상의 책은 꼬박꼬박 사고 있다. 그러니 책값으로 나가는 부담도 만만치가 않다. 그렇기 때문에 새 책으로 보고 싶은 책을 계속 살 수는 없다. 그렇다고 못 다 채운 책

욕심을 비울 수는 없는 노릇이다. 상황이 이렇다 보니 적은 돈을 들여 헌책을 사는 것은 여러 가지 측면에서 만족을 준다.

헌책방을 다니면서 이런저런 책을 수집한다. 누군가에게 선물했던 흔적이 있는 책은 일부러 산다. 혹시라도 책을 선물했던 사람이 우연히 그 헌책방을 방문했다가 소중한 사람에게 선물했던 책이 버림받았다는 것을 알고 충격받지나 않을까 해서 내가 사와버린다. 그런 일이 절대 일어나지 않도록 말이다. 나는 아름다운 사람들의 버려진 마음을 수집하는 마음 사냥꾼이다.

그리고 또 다른 종류의 책을 산다. 밑줄도 치고, 여백에 필요한 사항을 적기도 하고, 강조할 곳은 빨간 볼펜이나 형광펜으로 표시를 해두어 정말 한 권의 책을 잘 읽은 것을 보여주고 있는 책을 발견하면 기념으로 사온다. 누군가에 책을 어떻게 읽는 것인가를 설명할 때 그런 책을 보여주면 그것으로 끝이다.

몇 해 전에 헌책을 한 권 샀는데 정말 앞서 이야기한 책 읽는 원칙에 입각해 잘 읽은 책이었다. 대학생이 읽은 책이었는데 교재가 아니고 일반 서적이었다. 그 책을 읽은 사람을 만나보고 싶다는 생각이 들 정도였다. 책을 이렇게 잘 읽을 줄 안다면 분명 인생에서도 성공했을 것 같아서 확인해보고 싶었다.

책을 어떻게 읽어야 잘 읽는다고 할 수 있을까. 음식을 꼭꼭

씹어 먹어 완전히 소화하듯 책의 내용을 잘 파악하고, 또 오랫동안 기억할 수 있고, 필요한 때 원하는 구절을 즉시 찾아낼 수 있다면 그래서 저자가 기대했던 것보다도 훨씬 더 훌륭하게 책을 소화한다면 책을 정말 잘 읽었다고 할 수 있을 것이다.

가치 있게 읽고, 편견 없이 읽고, 잘 이해하기

어떤 책을 읽으려면 그 책을 직접 읽지는 말아야 한다고 주장하는 사람이 있다. 《읽지 않은 책에 대해 말하는 법》(피에르 바야르)에 의하면, 어떤 책을 읽는 것보다 책들 전체에 대한 총체적인 시각을 갖는 것이 더 중요하다. 그래서 훌륭한 도서관 사서는 입고되는 책을 분류 체계에 따라 도서관의 수백만 권의 책들 속에 정확하게 위치시키기 위해서는 책의 제목과 목차만을 읽어야지 책 내용은 절대 읽어서는 안 된다고 주장한다. 이 사서처럼 책을 읽어야 한다는 것이다. 좀 지나친 얘기이긴 하지만 이는 한 권의 책을 완전하게 읽어 다른 모든 책들과의 관계 속에서도 정확한 위상을 파악할 수 있어야 함을 의미한다. 책 내용을 꼼꼼하게 다 읽어서 그 책이 주장하는 바를 제대로 파악할 수 있다면, 그래서 수많은 다른 책들과의 관계 속에서도 그 책의 의미를 제대로 파악할 수 있다면 이는 책을 완전하게 이해했다고 해도 좋을 것이다. 무릇 책을 읽어야 한다면 이처럼 읽을 수 있어야 할 것이다. 하지만 일반 독서가로서는 이렇게 엄밀하게 책을 읽을 수는 없을 것이다. 차선책으로 우리는 저자가 주장하는 바를 정확하게 파악해낼 수 있을 정도로는 잘 읽을 수 있어야 할 것이다. 어떻게 하면 책을 더 잘 읽을 수 있을까.

한 권의 책을 제대로 읽자면 정독을 해야만 하는 것은 당연하다. 그래도 도서관 사서가 하듯 우선은 책의 전체적인 개요를 대충 파악해야 한다. 일단 제목, 머리말과 목차를 자세하게 읽어보면서 내용의 뼈대를 파악해낸다. 어떤 내용이 전개되리라는 추측을 해볼 수도 있다. 그런 다음에 정독으로 넘어가면 더 의미 있게 읽을 수 있다.

책을 잘 읽는 방법을 제대로 알기 위해서는 조금 어렵기는 하지만 《자유인을 위한 책 읽기》(모티마 J. 아들러) 같은 책을 한번쯤은 읽어볼 필요가 있다. 종류별로 책을 어떻게 읽어야 하는지 구체적으로 읽는 방법까지 알려주는 책이다. 책 읽는 방법을 잘 안다면 분명 더 잘 읽을 수 있다. 어떤 책이든 처음에 이해가 잘 안 된다면 나중에라도 다시 한 번 읽어보자. 무턱대고 자기와는 맞지 않는다고 비난할 것이 아니라 아직 그만한 책을 읽을 능력이 안 되는가보다 하고 겸손하게 반성하면 된다. 옆으로 빼두었다가 나중에 다시 읽어볼 것을 권하고 싶다. 그럴 만한 가치가 있는 책이라면 말이다.

어쨌든 책을 잘 읽는다는 것은 저자가 의도하는 바를 독자의 편견 없이 잘 읽어낼 수 있어야 한다는 의미이다. 물론 나중에 책을 다 읽고 나서 신랄한 비평을 할 수는 있겠지만 말이다. 그러려면 적절한 주의를 기울이면서 잘 읽어 책을 완전히 이해해야 한다. 그렇게 이해한 책을 삶에도 적용해보고 글을 쓰거나 대화를 하는 데까지 활용할 수 있다면 더 바랄 게 없을 것이다. 만일 글을 쓰는 데까지 활용하려면, 참고할 내용을 빨리 찾아서 인용할 수 있도록 체계적으로 요약하여 정리하거나 메모를 해두는 것이 좋다. 나는 책을 제대로 이해하려고 여러 가지 요령을 부려서 책을 읽고 있다.

나의 독서 요령-메모하고, 밑줄 치고, 독후감 쓰고

가장 먼저 책의 앞쪽 여백에 책을 읽기 시작한 날짜와 장소 등을 기록한다. 물론 다 읽고 나면 다시 날짜와 장소 등을 기록한다. 가급적 막 읽고 난 생생한 느낌을 여백에 기록해둔다. 간략한 독후감이다. 사실 사람은 망각의 동물이라 아무리 주의를 기울여 읽었다고 해도 얼마 지나지 않으면 많은 부분을 잊어버리고 만다. 그래서 짧게나마 느낀 소감을 바로 적어두는 것이다.

또 책을 읽으면서 꼼꼼하게 밑줄을 친다. 어떤 책들은 온통 밑줄이 그어져 있다. 어떤 책에는 위쪽 여백에 한두 줄로 그 페이지의 중심 내용을 요약해 적어둔다. 책을 다시 보게 되면 그 부분만 읽어도 충분할 것이다. 그리고 대개의 책 읽기에서 중요한 부분은 책의 뒤 여백에 따로 페이지와 내용을 옮겨 적어둔다. 또 그 페이지를 읽으면서 특별히 느낀 점이나 실천해야겠다 싶은 내용도 함께 적는다.

밑줄 치고, 중요한 부분도 옮겨 적기 때문에 그냥 눈으로만 읽는 것에 비하면 독서하는 데 두 배의 시간이 든다. 이해가 안 되거나 문맥이 이상한 부분도 다른 페이지에 따로 표시해둔다. 심심할 경우에는 오탈자가 적힌 곳도 함께 적어두기도 한다. 이렇게 내가 밑줄을 열심히 치는 이유는 내가 아이들에게 유산으로 물려주게 될 책들의 밑줄에서 내 삶의 체취를 느껴보고 공감하고 깨달음을 얻길 바라기 때문이다. 아이들에게 책을 물려준다 생각하니까 밑줄도 깨끗하게 쳐야겠다 싶어서 자를 대고 밑줄을 친다.

책을 다 읽고 나면 독후감을 쓴다. 독후감을 쓰는 데 최소한 2~3시간 때로는 4~5시간도 걸린다. 토요일은 쉬는 날이지만 잡무도 처리할 겸해서 일부러 사무실에 출근한다. 늦게 출근할 때는 독후감만 쓰고 마는 경우도 있다. 때로는 바빠서 자주 빼먹기도 하지만 지금도 독후감은 최우선 순위에 두고 있다.

다른 사람들에게도 좀 힘들고 어렵다고 포기하지 말고 글쓰기 습관을 들여보라고 조언을 하고 싶다. 쓰다 보면 점점 실력이 붙을 테니까. 직장에서나 어디서나 글쓰기 능력이 필요하지 않은가. 하루에 15분씩만이라도 글을 써보는 연습을 하는 것은 어떨까. 그것도 아니면 나처럼 일주일에 한 번 시간을 내면 어떨까. 처음에는 15~30분 정도만 내고 점차 늘려나가면 된다. 어쨌든 일주일에 한 권의 책을 읽고 독후감까지 쓰면 금상첨화일 것이다.

나의 독후감은 특이해서 1부와 2부로 구성되어 있다. 1부에서는 그 책을 읽는 동안 일어난 개인 소사를 적기도 하고 국내외의 특별한 사건과 사고에 대해 조금씩 언급하기도 한다. 역사를 기록해둔다는 의미랄까. 읽은 책의 중심 주제에 대한 문제 제기를 하고 책으로 여행해볼 것을 제안하면서 1부를 마감한다.

2부에서는 흔히 말하는 리뷰 혹은 독후감이라는 것을 쓴다. 책의 내용을 간략하게 요약한다. 그리고는 개인적인 느낌과 생각을 장황하게 적어둔다. 끝부분에는 책 내용 중 중요한 부분이나 밑줄 쳐놓은 내용을 좀 정리해둔다. 이렇게 많은 내용을 쓰다 보니 독후감이 A4 용지로 7~8페이지는 족히 된다. 많을 때는 20여 페이지에 달하기도 한다. 어떤 때는 책 한 권의 중요한 내용을 모두 컴퓨터에 요약 정리해두기도 한다. 내용을 철저하게 정리해둘 필요가 있다 싶은 책일 경우엔 말이다. 또 시간의 여유가 있을 때는 좋은 구절을 메모 형식으로 인터넷 블로그에 올리기도 한다.

한편, 남들은 서평을 쓰는지 모르지만 나는 어디까지나 독후감을 쓰고 있다. 책을 읽고 난 후의 개인적인 느낌과 생각을 정리하는 것이다. 책의 전반적인 내용에 대해 평가를 내리거나 하지는 않는다. 특히 책의 좋고 나쁨을 판단하는 일은 지극히 드물다. 대부분의 독후감이 권독서로 끝난다. 이렇게 서평을 피하고 독후감을 고집하는 데는 나만의 그럴 듯한 이유가 있다.

사실 한 권의 책을 제대로 평가하기 위해서는 전문가적인 수준의 독서가 필요하다. 그만큼 어렵고 조심스러운 일이다. 서평을 제대로 쓰기 위해서는 책을 제대로 읽어야 한다. 그리고 문리가 트여 세상을 바로 볼 수 있는 식견이 있어야 하고, 그 분야의 전문적인 지식을 갖추어야만 가능한 일이다. 요즘 세상에 그럴 만한 능력을 갖춘 독자가 몇 명이나 되겠는가.

게다가 책을 제대로 읽어야 한다는 가장 기본적인 일조차 얼마나 어려운가. 책을 잘 읽는다는 것은 자신을 버려야 한다는 의미이다. 자신의 기준과 관점을 내려놓아야만 하는 것이다. 어떤 책이든 저자가 주장하는 분명한 메시지가 있기 마련이다. 그것을 제대로 캐치해내기 위해서는 저자의 관점에서 책을 읽어야 하는 것이다. 그런데 그게 쉽지가 않다.

자신의 관점을 내려놓는다는 것은 평범한 사람들에게는 거의 불가능한 일이다. 우리는 늘 자신이 옳다고 생각한다. 그런데 책을 읽을 때만 그렇게 하지 않을 수가 있겠는가. 쉽지가 않다. 자신의 기준에 비추어가면서 책을 읽는다, 자기의 가치관과 비교해본다, 객관적인 입장에서 읽어야 한다고 다짐하더라도 자기도 모르는 사이에 자신의 관점으로 책을 읽게 되는 것이다. 취사선택이 일어난다. 그러니 책 한 권을 완전히 저자의 입장에서 읽는다는 것은 불가능할 것이다.

이렇게 완전히 저자의 입장이 되어서 읽는 한편, 여러 가지 다양한 관점에 비추어 저자가 놓치고 있거나 해결하지 못하고 있거나 미흡한 점을 찾아내야만 한다. 그래야 책 한 권을 제대로 평가할 수 있다. 자, 그러니 어떻게 제대로 한 권의 책을 정확하게 비평할 수 있겠는가. 어불성설이다. 물론 전혀 불가능한 것은 아닐 수도 있다. 그런 수준 높은 독서를 하는 독자도 있긴 할 것이다. 우리는 그런 사람을 전문가라고, 도서평론가 혹은 서평가라고 부를 수 있을 것이다.

메모를 중심어별로 컴퓨터에 기록해두는 것도 유용하다. 나중에 글을 쓴다든가 필요할 경우 찾아서 활용하기 위해서. '찾기' 기능을 활용하면 순식간에 필요한 중심어를 찾을 수 있기 때문에 아주 좋다.

또 필요할 경우 파일을 마련해 중요한 아이디어, 기획 내용, 책에서 읽은 중요한 내용 등을 적어 철해두면 좋을 것이다. 자료 정리라는 것이 곁에서 보면 미련스러운 것 같아도 활용할 때 그 진가가 드러난다. 나는 독서, 행복, 건강, 사랑, 성공철학에 관한 파일을 만들어 자료를 보관하고 있다. 특이하게도 A5 크기 다이어리 속지를 철해두는 3공 파일을 구해 활용하고 있다.

책을 읽으면서 모두가 이렇게 철저하게 기록하고 정리하고 보관할 필요는 없을 것이다. 하지만 장기적인 관점에서 보면 언젠가는 누구나 저자가 되고 적어도 글을 쓸 기회가 있을 것인데, 그때를 위해서라도 습관을 들여놓으면 좋을 것이다.

틈새 독서법을 익혀 규칙적으로 책을 읽고 체계적인 기록 정리 보관 시스템을 만들어 차근차근 실행하면 머지않은 장래에 큰 효과를 볼 수 있을 것이다. 내가 지금도 스승처럼 생각하고 있는 《시간을 정복한 남자, 류비셰프》의 주인공은 철저하게 시간 기록을 했는데, 연말에 통계를 내고 종합 정리를 하는 데만도 며칠씩이나 시간이 걸렸다고 한다. 기록·정리·요약의 필요성은 아무리 강조해도 지나치지 않다.

이렇게 효과적이면서도 실용적인 독서를 한다면 진정한 독서 대가라 할 수 있지 않을까.

　독서를 통해 자신의 인생을 참으로 행복하고 성공적으로 영위할 수 있다면, 그리고 인격을 완성하고 정신을 함양하여 다른 사람들에게도 좋은 영향을 끼칠 수 있다면 진정 아름다운 일이 아닐까. 누군가의 정신적 멘토가 되고 참다운 스승이 될 수 있다면 보람 있고 가치 있는 인생이 아닐까. 이처럼 책을 정말 제대로 읽어서 아름다운 인간의 향기가 널리 풍기게 하려면 어떻게 하면 될까.

어떤 책들은 맛보기로만 읽어도 충분하고
또 어떤 것들은 읽어 삼켜야 하고,
그리고 아주 소수의 책들은 씹고 소화시켜야 한다.
- 프란시스 베이컨

내가
다독하는
이유

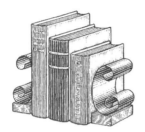

자기계발서는 절대 안 읽는다는 사람들이 더러 있다. 또 소설책도 책이냐고 비꼬는 사람도 있다. 남들이 다 좋다는 책을 헐뜯는 사람도 있다.

이것은 결국 편식을 자랑하는 것과 마찬가지다. 어떻게 편식을 자랑할 수 있겠는가. 책을 흔히 마음의 양식이라고 한다. 몸을 돌보는 데 다양한 영양분이 필요하듯 정신을 가꾸는 데도 다양한 분야의 정신적 함양이 필요하다. 인생을 살아가다 보면 때로는 용기와 인내가 필요하고, 겸손과 배려가 또한 필요하듯이 말이다. 이것은 우리 인생이 다양한 경험과 느낌으로 이뤄지기 때문에 그렇다. 그렇기 때문에 책을 통한 간접경험 또한 다양해야만 한다.

나무 조각을 이어서 만든 물통의 한 조각이 떨어져 나가면, 아무리 다른 조각들이 견고하고 완전하다 해도 그 물통에 물을 제대로 담을 수 없듯이 인격은 여러 가지 마음이 계발되었을 때에야 완성될 수 있다. 어떤 분야에서건 95퍼센트의 사람들은 성공할 수 없다고 한다. 왜냐하면 대부분의 사람들은 마음을 계발하는 데 게으르기 때문이란다. 나이팅게일이 일찍이 그의 저서에서 다음과 같이 주장했다.

마음을 계발하기

학교를 졸업한 후에 얼마나 많은 사람들이 마음을 계발하기 위해서 배우기를 계속할까? 두말할 필요도 없다. 그것은 약 5퍼센트밖에 안 되니까! 실제로 어느 교육자는 한때 값진 지식의 보고인 위대한 책들을 다 들판으로 내어다가 불살라버린다 해도 95퍼센트의 사람들은 절대로 아쉬워하지 않고, 오직 5퍼센트의 사람들만 아쉬워할 것이라고 언급한 적이 있다. 한마디로 95퍼센트의 사람들은 지식을 얻는 것에 대해서 전혀 관심이 없다는 의미이다(얼 나이팅게일,《진정 그대가 원하는 게 있다면》중에서).

간접경험을 통해 다른 사람의 인생 살아보기

사람들을 유심히 관찰해보면 여러 부류가 있다. 돈을 좋아하는 사람, 명예를 좇는 사람, 사람들과의 사귐을 좋아하는 사람 등. 보통 사람마다 제각기 다른 법이 아니냐고 생각들 하지만, 깊이 생각해보면 사고의 깊이와 수준이 다르기 때문에 여러 부류의 사람들이 생김을 알 수 있다. 즉 의식의 차이가 있는 것이다. 이런 의식의 차이는 배움을 통해서만 메울 수 있다.

　배를 곯아보지 않은 사람들은 거지를 보고 동정할 줄 모르고, 어려운 사람을 보고 긍휼히 여기지도 않는다. 이것은 그들이 본래 다른 사람들과 달라서가 아니라 단순히 배고픈 경험을 해보지 않았기 때문에 그런 감정을 계발하지 못한 것이다. 많은 감정을 경험해야만 세상을 점점 더 폭넓게 인식할 수 있고 다양한 상황에 처한 사람들의 입장을 이해할 수 있다. 독서가 간접경험을 통해 다른 사람의 인생을 살아보는 것이라면, 우리는 당연히 다독을 하여 다양한 인생을 경험해보아야만 한다.

　인간 행동의 비밀은 대부분 뇌에 숨어 있다. 과학적 연구에 의하면 어떤 생각이나 관념을 가지려면 그에 상응하는 뇌세포가 개발되어 있어야만 한다. 흔히 아무런 생각이 없는 사람을 개념이 없다고 말한다. 그의 뇌에는 그에 상응하는 뇌세포가 없음을 의미하는 것이다. 지나치게 한쪽으로 집중하면 무슨 일이든 그쪽으로만 생각하고 행동하게 된다. 이것이 바로 습관이 형성되는 원리이다. 습관은 다른 말로 중독이다. 모든 중독은 해롭다. 그렇기 때문에 우리는 다양한 생각을 할 수 있어야 하고, 그러기 위해선 인위적인 노력이 필요한 것이다. 결국 다양한 분야의 책들을 읽어야만 한다.

이렇게 인간이란 존재를 잘 알면 책 읽는 요령을 더 잘 터득할 수 있다. 사실 인간은 위대한 존재이다. 무엇이든 될 수 있는 존재다. 비천하고 이기적인 사람이 될 수도 있지만 신처럼 무한한 능력을 가진 존재도 될 수 있다. 가능한 고귀한 존재가 되기 위해서는 그에 필요한 마음과 능력을 계발해야만 한다.

인간이 인간다운 존재가 되려면 무엇보다도 가장 높은 존재를 목표로 성장하고 발전해야만 한다. 훌륭한 어른이 되려면 그에 맞는 인격을 함양해야만 한다. 따라서 많은 부분을 공부해야 한다. 학교 공부는 기초 지식에 지나지 않는다. 인생철학, 직업, 교육, 부부관계와 인간관계, 자아, 세상과 우주 등 인생의 다양한 분야에 대한 공부가 필요하다. 하지만 대부분의 사람은 학교 공부를 마치고는 배움을 멈춘다. 비록 육체는 다 성장했다지만 정신은 아직 어린애에 지나지 않는다. 그런데도 더 배우지 않으니 발전할 수 없는 것이다. 이것이 우리나라에 어른다운 어른이 드문 이유다. 우리는 평생 배우는 삶을 지향해야만 한다.

틈틈이 책을 읽고 평생 배우는 삶

이것이 내가 다독을 하는 이유다. 나는 평생 배우는 삶을 추구하고 있다. 마치 갓 태어난 어린아이처럼 배우기를 주저하지 않는다. 어떤 것에 대해서 제대로 알기 전까지는 비판하지도 않는다. 다만 꾸준하게 공부를 한다. 좀 집요하다 싶을 정도로 공부를 한다.

어느 인터넷 사이트에서 주식 투자를 하려면 적어도 70권의 책은 읽어야 한다는 충고의 글을 보았다. 나는 77권의 책을 읽고서 주식을 시작하겠다고 결심했다. 그러면서 공부를 하던 중 100권의 책을 읽고 난 다음에야 시작하겠다고 목표를 높여 잡았다. 그만큼 주식 투자가 어렵고 위험하고 가변적이라고 생각했기 때문이다. 실제 주식시장이 어떻게 돌아가는가를 알아보기 위해 아주 적은 금액을 갖고 다양하게 주식 투자를 하면서 실전 투자 공부를 해보았다. 그러다가 2007년 여름 이후에 그만두었다. 책으로 하는 공부도 43권까지 읽고는 보류해두었다. 어쩌면 주식에 대한 공부는 평생 마칠 수 없을지도 모른다. 하지만 나는 내가 정한 원칙을 지켜가면서 투자를 해도 할 것이다.

나는 주식 투자뿐만 아니라 다양한 분야에 대한 책을 꾸준하게 읽고 있다. 건강, 행복, 사랑, 부, 독서, 인생철학, 교양, 고전소설, 에세이, 시 등 다양한 분야에 걸친 다독이 가능한 것은 인생 공부를 하고 진리를 추구하는 차원에서 평생 독서를 해야겠다고 느긋하게 마음을 먹었기 때문이다. 평생 배운다고 생각하니 조급하게 책을 읽을 이유가 없다. 각각의 분야를 전문가 수준이 될 때까지 읽어나갈 것이다. 다양한 분야의 책을 깊이 있게 읽으니깐 통찰력이 생기는 것 같다. 그렇기 때문에 한 권의 책을 더 잘 읽을 수 있는 게 아닐까 싶다. 사실 이렇게 장기적인 관점에서 독서를 하니까 계획적이고 체계적인 독서가 가능하다. 나는 조급한 성과 위주의 독서는 지양한다. 독서를 통해서 인생의 전체적인 성공을 거두는 것이 목적이니까 세속의 기준에 연연하지도 않는다. 세상에서 성공을 하면 더 좋겠지만 그것만을 추구하지는 않는다.

이렇게 전체적이고 장기적인 관점에서 독서를 하다 보니 책을 선정하는 데도 나름대로의 기준이 있다. 베스트셀러라고 해서 무조건 책을 사지는 않는다. 다만 베스트셀러도 수준이 높은 책을 보려고 애를 쓴다. 베스트셀러 중에서 몇 년 지난 뒤에도 여전히 살아남아 있는 책은 어쨌든 구해서 조금씩 읽고 있다. 계획에 의한 독서를 하다 보니 미리미리 볼 책들을 구해놓는다. 평소에 헌책방을 다니면서 관심 있는 분야의 책들을 수집해놓는다. 나중에 깊이 있게 공부하려고 될수록 많은 책들을 산다. 또 신간 중에서도 새로운 과학적 발견을 담고 있거나 독특한 관점을 제시하는 책이라면 사둔다. 중고 책을 싸게 사기 때문에 비용도 절약할 수 있어 좋고, 헌책을 사는 즐거움도 적지 않아 언제까지나 헌책방 순례를 할 생각이다. 그뿐인가, 헌책방에서는 사람다운 사람도 많이 만날 수가 있어 좋다.

독서 클럽에 가입하여 다른 사람들이 어떤 책을 읽나 살펴보기도 하고, 인터넷 서점의 리뷰를 보면서 읽을 책을 선정하기도 한다. 신문 광고나 책 소개 칼럼도 스크랩해둔다. 새롭게 출간되는 책들을 다 읽지는 못해도 어떤 책들이 있는지는 알아두어야겠다 싶었다. 사람들을 만나면 감명 깊게 읽은 책을 물어보기도 한다. 그런 책들이 그 사람을 이해하게 되는 좋은 실마리가 되니까 금상첨화이다.

어쩌면 나는 책을 읽기보다 사색하는 것을 더 좋아하는지 모르겠다. 어떤 책이든 읽고 나서 되새김질을 하면서 의미를 깊이 천착해볼 때 책의 맛은 더 깊어진다. 그래서 가급적이면 독후감을 쓰려고 애를 쓴다. 독후감을 쓸 때는 나의 생각과 느낌으로 도배를 한다. 독자인 나에 의해 한 권의 책이 새로이 탄생하는 셈이다. 다른 사람의 서평이나 독후감과도 다른 나만의 독특한 책으로 말이다.

나는 앞으로도 틈틈이, 짬짬이 책을 읽고 살 것이다. 사실 책 읽는 것 차체만으로도 큰 즐거움이다. 책 속엔 언제나 미소를 짓게 하는 이야기, 아하 하고 무릎을 치게 만드는 깨달음, 전혀 새로운 사실 등이 숨어 있다. 그러한 발견 속에서 틈새 시간들이 재미와 즐거움, 기쁨으로 채색되는 것이다. 그러니 틈틈이 시간을 내어 독서를 하지 않을 수가 있겠는가. 틈틈이 책을 읽고, 짬짬이 책을 사고, 시간을 쥐어짜서 독후감을 쓰는 삶을 나는 사랑한다.

책이
내 인생의
해결사가 된
이유

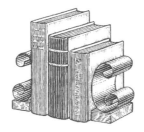

초등학교 4학년 때 기억이 난다. 시골학교라 도서관에 책이 몇 백 권밖에 없었다. 그런데 도서관 담당 여선생님이 책을 자주 빌리러 가는 나를 귀여워하셨던지 책을 마음껏 빌려볼 수 있는 특권을 누렸다.

아래 학년의 담임을 맡았던 도서관 담당 선생님이 채점하는 걸 도와드리고 나면 도서관 서가의 책 중에서 마음대로 세 권씩 빌려갈 수 있었다. 다른 사람들은 하루에 한 권밖에 빌려갈 수 없었는데 말이다.

집에 돌아가면 부모님과 동생들은 안방에서 자고 나 혼자 사랑방에서 호롱불을 켜놓고 밤늦게까지 책을 읽었다.

그러던 내가 어째서 꿈을 잃어버렸던 걸까. 일찍이 장군이 되고 싶다는 꿈을 꾸었다가 연좌제 때문에 육군사관학교를 갈 수 없다고 하여 포기했었다. 꿈은 사람을 열정적으로 활기차게 열심히 살게 만들어준다. 그래서일까, 꿈을 포기하고 나서는 열심히 공부하지도 않았으며 꽤나 열심이었던 독서까지 그만두었다. 취미생활이나 특별히 하는 것도 없이 중고등학교 6년을 허송세월을 하면서 보냈다.

누군가 조언을 해줄 사람이 있었더라면 다른 꿈을 꾸었을 텐데……. 그때 도서관 선생님과 상담을 하거나, 좋은 책을 읽어서 다른 목표를 세웠더라면 참 좋았을 것이다. 역시 우리 인생에는 스승이나 책과의 만남이 있어야만 한다.

아이들 교육에 있어서도 같은 원리가 적용된다. 아이들은 꿈을 꾸면 그 꿈을 이루기 위해서 열심히 노력한다. 꿈을 이루기 위해서 공부가 필요하다면 공부를 열심히 하게 되고, 마찬가지로 운동을 잘하거나 음악이나 미술을 잘하게 되는 것이다. 그래서 아이들이 꿈을 꾸고 자기 미래를 생각해보는 것이 중요하다. 말을 물가까지는 데려갈 수가 있지만 억지로 물을 마시게 할 수 없듯이 꿈 없이는 스스로 알아서 공부할 수는 없다.

사관생도를 꿈꾸던 내가 책 권하는 사람이 되기까지

나는 시험 성적에 맞춰서 대학과 학과를 선택했기 때문에 열심히 공부를 하지 않았다. 물론 책 읽기도 열심히 하지 않았다. 술도 많이 마시고 자포자기 상태로 지냈다. 돌이켜보면 뚜렷한 인생의 목표를 갖는 것이 얼마나 중요한 일이지 절실하게 깨달을 수 있다. 도피하다시피 군대를 가게 되었다. 제대를 하고 복학하기 전에 많은 고민을 했다. 다시 처음부터 시작하느냐, 지금부터라도 목표를 정하고 열심히 노력하느냐.

그러다 마침내 인생의 목표를 세워나가기 시작했다. 3학년 때 복학해서 명확하지는 않지만 무역회사를 세우겠다는 생각을 하게 되었다. 그래서 4학년이 되어서는 본격적으로 외국어 공부를 하였다. 4학년 때 경영정책이라는 과목을 수강할 때 부교재 한 권이 있었다. 얇지만 많은 내용을 담고 있는 참 좋은 책이었다. 그 책을 읽고 감명을 받고서 확고한 인생의 목표를 세울 수가 있었다. 책이 사람의 인생을 좌우한다는 것은 사실이다. 《공생경영의 사상과 실천》(손시영)이란 책으로 혁명적인 경영원리를 담고 있다.

이 책을 읽고 서로 도우며 자기 회사처럼 일할 수 있는 무역회사 설립이라는 꿈을 꾸게 되었던 것이다. 그 꿈을 위해서 나는 열심히 공부를 했으며, 회사에 취직을 해서도 무역 업무를 배우려고 노력했고, 직장생활을 하면서도 내 일을 한다는 생각으로 일했다. 모든 것이 꿈을 이루기 위한 연습장이 되었다.

결국 무역회사를 세웠다. 비록 IMF 사태로 인해 날갯짓도 제대로 해보지 못하고 주저앉았으나 참으로 열정적인 삶을 살았다. 결과적으로 아무것도 이루지 못했지만 꿈과 희망에 찬 삶은 참으로 행복했다고 말할 수 있다. 사업에 실패하고 좌절하고 낙망하였지만 다시 일어설 수 있었던 것도 책을 통해서였다.

효도하게 만드는 책 읽기

책을 읽는 이유야 여러 가지가 있겠지만, 책은 내 경우처럼 인생의 방향을 설정하는 데 도움이 되고, 어렵고 힘든 시절에 든든한 정신적 지주가 될 수도 있다. 물론 모든 사람이 다 인생의 거창한 목표를 세울 필요는 없을 것이고, 역경에 처했을 때 책의 도움을 받아 고난을 딛고 일어설 수도 없을 것이다. 하지만 보다 윤택한 삶을 살려면 인생의 목표를 확고하게 세워야 하고, 그때 한 권의 책이 도움이 될 것이다.

독서의 힘이 어디 이뿐이겠는가. 책을 읽으면서 즐거움을 느끼고, 호기심을 충족시킬 수 있고, 지식 획득의 기쁨을 맛볼 수도 있다. 또한 여러 가지 문제를 해결해낼 힘을 얻을 수도 있다.

아버지가 뇌출혈로 쓰러지셨다가 퇴원해 집에 계실 때였다. 몇 년 전에 집을 샀는데 문제가 생겨 준공검사를 마칠 수가 없어서 큰 걱정이었다. 게다가 관할 구청이 바뀌는 바람에 빨리 준공을 마치라는 독촉장이 계속 날아왔다. 반신불수가 되어 말씀도 못하시는 상태에서 당신 잘못으로 그런 문제가 생겼다고 생각하신 아버지는 무척 힘들어하셨다. 곁에서 지켜보자니 너무 안타까웠다. 그 문제를 빨리 해결하는 것이 효도라고 생각하고 직장을 그만두었다. 문제를 해결하러 돌아다니며 백방으로 노력했지만 허사였다. 도저히 어쩔 수가 없어서 포기해야만 하는 상황이었다. 금전적인 손해도 또 얼마나 많이 불어날지 모를 일이었다.

그래도 포기하지 않고 서점에 가서 관련이 있는 책을 모두 구입하였다. 1993년도 무렵이라 지금보다 책값이 훨씬 쌌을 텐데 한꺼번에 이십만 원이 넘는 돈을 책값으로 썼다. 그러고는 가장 관계가 깊은 것부터 차근차근 공부를 했다.

그렇게 공부를 하던 차에 해결의 실마리가 될 만한 법조문을 발견하였다. 당장 담당 공무원을 찾아가서, 이해관계 당사자들이 합의가 되지 않을 경우에는 담당 공무원이 직권으로 처리할 수 있다는 조항을 보여주면서 항의하였다. 그랬더니 바로 처리가 되었다. 아는 게 힘이라고, 몇 권의 책을 통해서 풀기 어려운 문제를 해결해냈던 것이다. 이 경험으로 독서의 힘이 얼마나 큰지를 잘 느낄 수 있었다.

이처럼 책을 읽다 보면 이해력이 커지고 문제 해결 능력도 싹튼다. 독서 습관이 쌓이다 보면 언제 어느 때고 독서의 힘이 발휘되는 경험을 하게 될 것이다.

어떤 책이길래 그때 그렇게 도움을 받았는지 알고 싶어서 몇 년 전에 그 책을 다시 한 번 읽어보았다. 역시나 좋은 책이었다.

앞으로도 또 어떤 계기가 되면 한 번 더 읽어보게 될지도 모르겠다. 이십만 원이나 주고 샀던 책들이 그때를 증명이라도 하듯이 까만 먼지를 뒤집어쓴 채 지금도 내 서가에 꽂혀 있다.

책은 썩지 않는 한 언제까지고 우리들의 곁을 지킬 것이다. 책으로 인해 인생의 기로에서 방향을 정할 수 있었고 책을 통해 효도를 다할 수도 있었으니, 내게 있어 책만 한 벗이 또 있겠는가. 독서의 힘은 참으로 세다.

사업 실패를 딛고 행복 열차에 올라타다

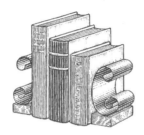

누구나 살면서 한때 어려움에 직면하게 된다. 어떤 사람들은 고통을 딛고 일어서지만, 다른 사람들은 고통에 걸려 넘어지고 만다. 그때 슬기롭게 극복하느냐 아니면 좌절하느냐는 여러 가지 요인에 달려 있을 것이다. 아무리 어려운 상황이라도 좌절하지 않고 오뚝이처럼 일어설 수 있는 힘과 용기가 있다면, 즉 정신력이 강하면 일어설 수 있다.

1996년 봄 드디어 무역업을 시작했다. '서로 돕는, 내 회사처럼 일할 수 있는 무역회사'를 만들자는 꿈을 위해서 작게나마 회사를 열었다. 하지만 준비가 소홀했다. 갑류 무역업을 시작했는데 자본이 부족해 어머님의 허락을 얻어서 담보대출을 받았다. 인쇄기계 오퍼업이었는데 마침 기계를 산다는 가망 고객도 있어서 과감하게 사업을 벌였지만 일이 계획대로 되지 않았다. 기계 구입을 미루더니 결국 사지 않겠다는 것이었다. 처음부터 계획이 어긋나기 시작했다.

일 년이 넘도록 열심히 마케팅을 하러 다녔고, 1997년 가을에는 예비 고객과 함께 벨기에 전시회에 다녀왔다. 구입할 기계를 직접 살펴보고 원하는 제품을 제대로 생산할 수 있는지 알아보기 위해서였다. 전시회에 다녀와 기계 사양을 정하고 결제방식을 어떻게 할까 협의하던 중 IMF 사태가 터졌다. 모든 게 수포로 돌아가고 말았다. 환율이 급등했다. 수입 오퍼와 수입 판매를 주요 사업으로 하고 있던 나에게는 큰 타격이었다.

위기와 기회 속에서

하지만 위기가 기회라고 하지 않았던가. 1997년 봄 미국에 출장을 갔을 때 호텔에서 TV를 보다가 운동기구 광고를 보았다. 거기에는 주문자 무료 전화가 표시되어 있었다. 여러 광고의 전화번호를 적어두었다가 돌아오는 날 시간이 남아 공항에서 전화를 하였고, 몇몇 회사의 본사 전화번호를 알아냈다.

국내로 돌아와 연락해서 운동기구의 샘플을 입수했다. 여름쯤에 샘플을 받아서 테스트를 하고 있었다. 그 와중에 사업을 하던 친구가 기존에 하던 사업을 그만둔다면서 동업을 제안하였다. 그렇게 해서 운동기구 TV 광고 판매를 시작하게 되었다. 자본과 인력, 기술이 절대적으로 부족했지만 열심히 준비를 해서 광고 판매를 하게 되었다. 시작은 순조로운 듯싶었다.

그러나 복병이 나타났다. 주력 상품이 가격경쟁에 휘말렸다. 5만 원 정도에 판매하던 것을 2만 원에 판매하게 되었으니 수익성이 급격히 나빠졌고 사업은 어려워졌다. 독점 대리점 계약을 체결하고 사업을 시작하였는데 경쟁 회사는 이미 아시아 판권을 가지고 있었다. 기가 막혔다. 상대 회사는 TV 광고 판매업계의 선두주자로 그들과의 다툼은 다윗과 골리앗의 싸움과 같았다. 자금 여력도 없는데다가 시간 낭비일 것 같아 소송을 제기하는 것도 그만두었다. 그 뒤로 사업은 이것저것 다 지리멸렬하게 되었다. 1999년 한 해는 정말 암울했다. 모든 게 다 최악의 상황이었다.

빚을 갚지 못하자 어머니는 몹시 불안해하셨다. 혹시 담보로 잡힌 집이 날아가는 것은 아닐까 노심초사하셨던 것이다.

당시 나는 어둠컴컴한 지하 사무실에서 의기소침해 있었다. 앞으로 어떻게 살아야 하는가를 고민하면서 하루하루 힘든 시간을 보냈다. 사업 실패로 자살했다는 사람들의 심정을 이해할 수 있을 것 같았다.

아무리 좌절을 했다 해도 사랑하는 아내와 소중한 핏줄인 아이들을 두고 죽을 수는 없는 노릇이었다. 그때 나는 내 인생을 돌아보게 되었다.

그런데 희한하게도 긍정적인 생각이 들었다. 어려서부터 성격이 강하고 외골수였던 내가 도둑질이나 싸움질, 도박 같은 나쁜 길로 빠지지 않고 건전한 사람으로 살아가고 있다는 게 참 다행이다 싶었다. 더 잘못될 수도 있었는데, 단지 경제적 실패로 힘들어하고 있을 뿐이라는 생각이 들자, 내 상황이 그렇게 나쁜 것만은 아니라는 '인식'을 하게 되었다. 어쩌면 더 일찍이 잘못되어 죽었을 수도 있었을 텐데……. 이렇게 살아 있는 것만도 우주의 보살핌이 있었던 것은 아닌가 싶었다.

인생에 감사하는 책에 미친 바보

그런 깊은 수렁에서 간신히 빠져나오면서 내가 찾았던 것이 바로 책이었다. 나는 모든 것을 원점에서 순수하게 내 힘으로 다시 생각해보게 되었다. 모든 관념, 관습, 문화 그 어느 하나도 의심하지 않은 게 없었다. 어느 것도 당연하게 여기지 않았다. 깊이 사색하고 다른 이들은 어떻게 생각했는지 비교해보았다. 책을 통해서 다른 이들의 생각을 읽었다. 그로부터 책을 통해 진리를 찾는 나의 진짜 여행이 시작되었던 것이다.

그때 읽었던 책들이 성경, 불경, 도덕경이었다. 그리고 점차 인간 존재의 의미를 찾는 다른 책들을 읽어나가기 시작했다. 여러 책들을 통해 어슴푸레 확인할 수 있었던 것은 이 우주의 원리가 사랑이라는 것이다. 우주의 한없는 사랑에 감사하게 되면서 나는 행복 열차에 올라탔다.

　경제적으로 곤란을 겪을 때는 나보다 더 가난했지만 꿋꿋하게 버티며 산 스승을 만나며 힘을 얻었다. 이덕무가 스승이었다. 《책에 미친 바보》를 읽으며 자신의 힘으로 도저히 어쩔 수 없는 신분상의 제약 때문에 이러지도 저러지도 못하면서 가난하게 살아야 했던 그를 알게 되었다. 그에 비하면 나의 가난은 한가한 투정에 지나지 않았다. 그에게서 앙버틸 힘을 얻었다. 그러고 나니 가난도 즐길 만한 것이 되었다.

　정신적으로 어려울 땐 어려움을 극복한 책들을 읽었다. 세상에 나 혼자뿐이라는 고독한 감옥에서 버틸 때는 신영복의 《감옥으로부터의 사색》을 읽으며 앙버텼다. 20년을 수형생활을 한 그에 비하면 나의 고통은 조족지혈에 지나지 않았다. 나는 경제적으로나 사회적으로 이미 성공하여 안정된 삶을 누렸어야 하는 나이지만 아직도 궁핍하다. 하지만 내 정신은 오히려 더 청정하다. 지금도 가난을 벗어나 살지만 마음의 평화를 잃지 않고 있다. 참고 기다리면 좋은 시절이 오리라는 것을 알고 있다. 진정한 승리는 아니 유일한 승리는 대기만성이 아닐까. 《대기만성한 사람들에게 배우는 성공의 지혜》(알렌 줄로)가 포기하지 말고 인내를 갖고 끝까지 걸어가라고 격려해주고 있다.

사업을 그만두고 취직을 하기로 결정하였다. 앞으로 할 일은 그게 무엇이든지 가치 있는 일이어야 한다는 잠정적인 결론을 내려놓았다. 그렇게 어렵고 힘든 고통의 시절이 지나갔다. 그 해부터 비로소 책을 읽기 시작하였다. 어려서 막연하게 품었던 생각, '책만이 나의 진정한 친구'라는 예언이 실현된 것이다. 참 신기한 일이 아닐 수 없었다.

책은 진정 내 삶 속으로 들어와 자리 잡았다. 더 이상 취미가 아니고 삶 그 자체가 되었다. 오래 버려둔 고향을 찾아 만난 친구인 듯 나와 책은 아무런 거리낌 없이 서로를 이해하고 품어주는 친구가 되었다.

나는 지금 책을 통하여 세상으로, 또 내 안으로 여행을 하고 있다.

책 속으로의
여행이
해외여행보다
소중한 이유

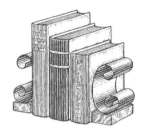

내가 역마살이 끼었다고 생각한 적이 있다. 초등학교 때는 다른 동네 친구들 집에도 자주 놀러 다녔다. 놀러 갔다가는 자고 오기도 여러 번 하였다. 그런 나를 보고 친구 어머님께서는 '친구 따라 강남을 간다'고 말씀하셨다.

그래서일까, 늘 다른 곳을 동경했다. 미지의 곳에 가보고 싶다는 생각은 해외여행을 꿈꾸게 했다. 대학교 4학년 때 무역업을 하겠다는 꿈을 세웠는데, 여기저기 돌아다니고 싶은 욕망 때문에 그런 꿈을 꾸게 된 것은 아니었을까.

외국어 공부를 한다고 서울 남영역 근처에 있는 현대 통역학원엘 다녔는데, 근처에 해외 펜팔을 주선하는 곳이 있어 자주 그곳에 들렀다. 몇몇 나라에 사는 아가씨들과 편지를 주고받았는데, 그것도 다 나중에 해외여행을 하기 위한 준비였을까.

세계로 떠나는 여행, 내 안으로 떠나는 여행

첫 직장에 취직을 하자마자 여름휴가 때 친구와 함께 일본으로 여행을 떠났다. 펜팔을 하고 있던 아가씨를 만나러 갔다. 야마구치켕이라는 혼슈의 남쪽에 있는 곳으로 참 조용하고 깨끗한 지방이었다. 첫 외국 나들이여서일까 참 인상적이었다.

일본어 회화 실력을 테스트 할 겸 다녀온 여행이었는데, 세상은 다르면서도 유사하다는 것을 느꼈다. 그 이후에 개인적으로 또는 회사 업무로 다른 나라 몇 곳을 돌아다녔다. 미지의 세상이 궁금하여 여행을 다녔지만 발견한 것은 인간은 어디서나 똑같은 삶을 살고 있다는 깨달음이었다.

가장 최근에 한 해외여행이 1999년에 중국 텐진을 다녀온 것이다. 벌써 8년이라는 세월이 지나서 다시 여행을 떠나고 싶을 만도 하지만 나는 이제 해외여행을 하고 싶은 생각이 그다지 들지 않는다.

그렇다고 내 역마살이 가라앉은 것은 아니다. 다만 이제는 밖으로의 여행이 아닌 안으로의 여행을 떠나고 싶다. 내면세계로의 여행 말이다. 그 여행에서 나는 더 많은 것을 얻는다. 명상을 하면서 자신 속으로 여행을 하기도 하고 다른 이의 정신세계로 여행도 한다.

또 다른 세계로의 여행길을 떠나는 방법으로 나는 헌책방을 찾는다. 그 곳에서 좋은 책을 발견하면서 즐거움을 맛보고, 책을 통하여 다른 사람들의 경험과 정신 활동 속으로 여행을 하고 있는 것이다.

책을 통해서 여러 나라 사람들을 더 가까이 만나게 된다. 주마간산 격으로 한 지역을 돌아다니는 것보다는 한 사람과의 만남이라도 더 깊고 진솔한 대화를 나눈다. 그런 면에서 보면 나는 해외여행을 하지 않는 것이 아니라 오히려 더 많은 세계로 여행을 다니는 것이다. 경제적인 측면이나 시간적인 면에서 실제로 해외여행을 다니는 것은 쉽지가 않다. 반면 헌책방을 돌아보는 것이나 책을 통해 여행을 떠나는 것은 양쪽 측면에서 볼 때 훨씬 더 유리하다. 사실 해외여행에서 발견하는 것이 모든 인간이 겪는 보편적인 모습이라면 굳이 시간을 쓰고 비용을 들일 필요가 없을지도 모른다.

처음 비행기를 타면서 많은 것을 깨달았다. 비행기와 함께 고도가 높아지면서 세상을 압도할 것 같은 서울 시내가 점점 작아 보이더니 마침내 시야에서 사라졌다. 그 모습을 보니 이 세상에 그 어떤 것도 진실로 큰 것은 없다는 생각이 들었다. 객관적으로 멀리서 떨어져서 본다면 다 하찮은 것에 지나지 않는다는 것을 깨닫게 되었다. 지금도 나는 세상일이 팍팍하게 여겨질 때면, 이 모습을 하늘에서 내려다본다면 어떻게 보일까 생각해본다.

일본을 다녀온 이후에 영어 테스트를 위해서는 필리핀을, 중국어 테스트를 위해서는 대만을 다녀왔다. 확실히 꿈을 갖고 사는 삶은 사람을 힘 있고 역동적으로 만들어준다.

여행은 세상이라는 책을 읽는 것

무역업을 시작하면서 미국 제조사의 한국 대리점을 하게 되었다. 한번은 시카고에서 전시회가 있었다. 그때 미국에서 세일즈를 제일 잘한다는 사람의 영업교육이 있었는데, SPIN Selling을 아느냐고 물어왔다. 경영학을 전공했고 영업이나 마케팅에는 늘 관심을 기울이고 있었지만 금시초문이었다. 전시회가 끝나고 시카고 시내에 있는 큰 서점을 찾아갔다. 그 분야에 관련된 책을 모조리 구입했다. 그리고 세일즈 책, 자기계발 책을 한 권씩 샀다. 처음으로 외국에서 책을 구입한 것이다.

서툰 영어 실력이지만 미국 본사의 영업사원이 추천한 책을 읽으며 열심히 공부를 했다. 참 좋은 책임에 틀림이 없었다. 영업을 하면서 그 방식을 적용해보려고 애를 썼지만 실제로 현장에서 적용하는 것은 쉽지가 않았다. 그 책 첫 부분에 실제로 실무에 적용해보는 것은 시간이 걸리기도 하고 잘 되지 않을 수도 있다고 언급을 하고 있었지만 말이다.

그런데 입사하고 2년이 지났을까, 회사에서 부지점장들을 대상으로 그 기법에 대한 교육을 한다고 했다. 신기했다. 오래전에 미국에서 직접 그 마케팅 기법에 대해서 듣고 공부를 했었는데, 한국에서 그 기법을 들여와 일반 회사에 보급하고 있다는 걸 알게 되니 일종의 자부심이 생겼다.

한번은 벨기에로 출장을 갔다. 그곳에서 열리는 전시회에 참관하기 위해서 일주일 일정으로 여행을 하게 되었다. 그런데 도착하는 첫날부터 재미있는 일이 벌어졌다. 네덜란드 공항에서 비행기를 갈아타고 벨기에로 가야 했는데 안개가 심하게 끼어 비행기가 연착을 하였다. 목적지까지 육로로 가느냐 비행기로 가야 하느냐 우왕좌왕하다가 안개가 조금씩 걷히면서 비행기로 가게 되었다.

나중에 수화물을 찾으려고 기다리니 내 것이 도착하지 않았다. 안개에 신경이 쓰였기 때문일까. 갈아타는 비행기에 내 짐 가방을 옮겨 싣지 못한 것이었다. 어이가 없었다. 그 가방에 세면도구며 전시회에 참가할 때 필요한 것들이 들어 있었는데. 다음날 일찍 물건을 찾게 해준다고 해서 그냥 호텔로 돌아오게 되었다.

짐을 찾으러 공항에 가는 길에 그만 실수로 기차를 타버렸다. 기차를 타고 얼마쯤 가다가 되돌아와서 다시 전철을 타고 공항에 가면서 출근하는 시민들의 모습을 엿볼 수가 있었다. 많은 사람들이 책을 보고 있었다. 조용한 기차 안에서, 전철 안에서 책을 읽는 모습이 참 보기가 좋았다. 그리고 또 신기하게도 여자들의 얼굴에 화장기가 없었다. 늘 화장한 얼굴만 보다가 맨얼굴을 한 출근길 시민을 보는 것은 신선한 충격이었다. 그것도 EU의 수도가 있는 벨기에에서 말이다.

여행도 책 읽기와 다르지 않다. 세상이라는 책을 보는 것이니깐 말이다. 내가 살던 곳과 다른 차이점을 발견하기도 하고, 어느 곳에서나 다 같이 공감할 수 있는 공통점을 찾을 수도 있다. 비록 사는 모습과 사람들은 달라도 희로애락을 느끼며 사는 인간이라는 점은 결코 다르지 않다는 것을 깨닫게 된다.

이제 나라는 인간 존재의 심연으로 탐험을 떠나고 싶을 뿐이다. 그래서 매일 책 속으로 여행을 떠나고 있다.

내가
책장에
밑줄을 긋는
이유

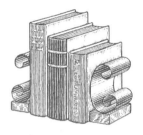

내가 요즈음 아이들에게 유산으로 물려줄 수 있는 것은, 아니 물려주고 싶은 것은 책뿐이다. 내가 밑줄 치며 읽었던 모든 책을 물려주고 싶다. 나의 삶, 나의 족적, 나의 배움을 고스란히 보여 줄 수 있는 책을 유산으로 물려 주려는 것이다.

우리 아이들이 책 때문에 싸우지 않게 하기 위하여 절대 어느 한 사람이 소유할 수 없도록 유언을 남길 것이다. 우리 아이들이 나중에 자식을 낳아서 기를 때 그 아이들도 내가 남긴 책을 읽으면서 그들이 걸어갈 인생길의 안내서로 삼길 바라고 싶다. 바라건대 소원일 뿐이다.

내가 책을 읽으면서 밑줄을 긋는 데는 이유가 있다. 자를 대고 깨끗하게 밑줄을 치는 데 시간도 걸릴 뿐만 아니라 책 읽는 속도도 훨씬 더딘데 모든 책을 읽을 때 그렇게 하고 있다. 나는 온 정성을 다하여 자식에 대한 나의 사랑을 표현하고 싶은 것이다. 왜 밑줄 긋는 데 혈안이 되었을까?

아이들에게 사랑을 전하는 나만의 방법

벌써 오래전에 여동생에게 책을 빌려준 적이 있었다. 책을 다 읽고 돌려주면서 동생이 하는 말에서 큰 교훈을 얻었다.

"오빠가 밑줄 친 부분을 읽어가다 보면 다음에 밑줄 친 부분이 궁금해서 책을 빨리 읽게 되고 더 재미있게 읽게 되더라구요!"

그때부터 나는 '바로 이것이다' 싶어서 더욱 열심히 밑줄을 치면서 책을 읽었다. 내가 아이들에게 사랑을 전해줄 수 있는 방법은 이것이라고 생각하게 된 것이다. 나중에 아이들이 내가 쳐놓은 밑줄을 따라가며 인생의 의미를 발견하리라는 기대 속에서, 기왕이면 바른 마음을 갖도록 깨끗하게 밑줄을 치는 것이 좋겠다 싶어서 자를 준비했다.

책 읽는 시간대별로 자가 따로따로 있다. 전철에서 책을 읽을 때 사용하는 자가 하나 있고 사무실에서 읽을 때 사용하는 자가 또 하나 있다. 집에서 잠자기 전이라든가 휴일에 책을 읽을 때에도 자를 사용한다. 화장실에서 읽는 책에도 따로 하나가 있다. 예비로 항상 호주머니에 넣어가지고 다니는 것도 있다. 자를 하나만 사용했을 때는 깜빡하고 못 챙겨 나올 때도 있었다. 그러면 비극이다. 명함이나 교통카드를 사용하여 밑줄을 치는데 영 불편했다. 길이가 짧아서 두 번에 나눠서 쳐야 하니 삐뚤 삐뚤하고 깔끔하게 연결되지도 않았다. 이런 일을 한두 번 겪으면서 예비로 작은 자를 사서 가지고 다녔다. 어떤 경우에도 허둥대지 않기 위해서는 읽는 책마다 자가 따로 있어야겠다고 생각했다.

늘 갖고 다니면서 사용하는 자는 눈금이 없어진 지 오래다. 손때로 반들반들 한 게 감촉도 좋다. 내 독서도구 보물 제1호다. 나중에 아이들에게까지 물려줄 수 있으면 좋겠다. 지금 갖고 있는 자들은 다 좋다. 몇 년에 걸쳐 고르고 골라서 산 자들이라 그런 것 같다.

자만 좋다고 끝이 아니다. 볼펜도 무척 중요하다. 일반 볼펜을 사용하면 잉크가 뭉쳐 결국 책에 번져서 얼룩이 심하게 진다. 드디어 밑줄 치기 좋은 펜을 발견했다. 몇 년 전에 일제 볼펜을 구입해서 사용했는데 뭉치지 않고 밑줄이 잘 그어졌다. 조금 번지는 게 흠이라면 흠이다. 지질이 아주 나쁜 책이 아니면 번지지는 않는다. 좀 웃기겠지만 책의 질이 좋고 나쁨을 이 펜으로 판단하고 있다. 출판사가 들으면 서운하겠지만 펜이 잘 받으면 좋은 책이요, 번지면 나쁜 책이 되는 것이다. 검정, 파랑, 빨강 3색이 있다. 밑줄 그을 땐 두 가지 색을 사용한다. 출근할 때 검정색을 사용하면 퇴근할 때는 파란색을 쓴다. 혹시라도 독서시간 통계라도 내게 되면 쉽게 구분하기 위해서다. 한 색으로 줄을 칠 때보다는 좀 덜 지루하지 않을까 싶기도 하다.

내 삶의 흔적이자 내 정신적 성장의 궤적

벌써 몇 년을 이렇게 밑줄을 치면서 책을 읽었는지 모른다. 주로 전철을 타고 다니면서 책을 읽는데, 흔들리는 전철이나 버스 안에서 밑줄을 치는 것은 쉬운 일이 아니다. 별의별 자세를 다 취하기도 한다. 배 위에 책을 걸쳐놓고 밑줄을 치기도 하며, 전철 문에 책을 기대어놓고 밑줄을 치기도 한다. 자리에 앉기보다도 구석진 자리를 찾는 이유가 바로 여기에 있다. 좌석의 양 끝 쪽에는 보호대가 있는데 그 위에 책을 올려놓고 밑줄을 치면 이상한 포즈를 취하지 않아도 된다. 가끔은 앞뒤로 흔들리는 바람에 삐뚤게 밑줄이 쳐지기도 하지만 요즘엔 거의 그런 불상사가 일어나지 않는다. 이제는 전철의 리듬에 맞춰서 밑줄을 칠 수 있는 경지에 달했다.

내가 밑줄을 똑바로 치는 데는 사연이 있다. 아이들이 글씨를 참 못 쓴다. 딸 예지는 마음이 내키면 좀 정성 들여 쓸 때도 있지만, 아들 성준이는 언제나 대충대충 휘갈겨 쓴다. 글씨가 마음을 드러낸다며 깨끗하게 써보라고 해도 마이동풍이다.

그래서 아이들이 아빠는 밑줄 하나를 칠 때도 정성을 들였다는 것을 나중에라도 알면 반성을 하게 되지 않을까 싶어 가능하면 똑바로 줄을 치려고 노력을 한다.

좀 더 어려서 책을 읽을 때는 밑줄을 치지 않았다. 밑줄을 쳐놓으면 나중에 책을 다시 읽을 때 저절로 그 부분을 더 의식적으로 읽게 될지도 모른다고 생각했다. 과거의 생각이나 감동에 영향을 받는 걸 피하고 싶었다. 의식이 확장된 후에는 중요하게 생각했던 부분도 사소하게 느껴질지 모르는데 나 자신의 어리석음을 보고 싶지 않았다. 언제나 새로운 기분으로 읽을 수 있도록 책을 깨끗하게 두고 싶었다. 누구나 그렇듯 책을 깨끗하게 보관하고 싶은 마음도 있었을 것이다.

아이들에게 부모의 사랑하는 마음을 물려주겠다는 것에 요즘은 다른 의미 하나를 덧붙였다. 열심히 유별나게 밑줄까지 치면서 책 읽는 모습 자체가 사람들에게 '책을 권하는' 것으로 보이리라는 희망을 품게 된 것이다. 이렇듯 밑줄 치는 것은 내게 있어 아이들에게 사랑을 전하고, 다른 사람들에게도 조금이라도 도움이 되고자 하는 하나의 구도의식이다.

내가 읽은 책들은 내 삶의 흔적이자 내 정신적 성장의 궤적을 보여주는 것이다. 책들이 깨달음의 길을 보여준다.

나중에 아이들이 아빠가 밑줄 친 부분에서 고개를 끄덕이고 눈물을 흘린다면 우리는 함께하는 것일 게다. 비록 내가 죽어 이승에 없다고 할지라도 말이다. 그런 책이 몇 천 권이 된다면 아이들은 아빠의 무한한 사랑을 먹으면서 살게 되지 않을까. 이것이 아빠의 최고의 유산이 되기를 바라는 것이다.

우리는 조급한 사랑을 한다. 아니 말뿐인 사랑을 한다. 아이를 마음으로 가르치면서 나는 사랑은 무척이나 힘든 것이라는 생각을 한다. 그것은 자기희생과 인내와 무한한 배려를 필요로 한다. 입으로만 사랑한다고 외치기보다 아이들을 위해서 어떻게 살아야 하고 어떻게 안내해야 할지를 고민해야 하지 않을까. 아이들아, 정말 사랑한다.

02

틈새
독서를
권함

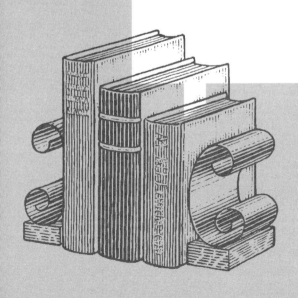

틈새
독서란?

"하루 15분의 독서, 당신의 인생이 바뀝니다!"

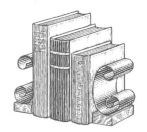

내가 매일 출퇴근 시간에 매고 다니는 어깨띠에 쓰여 있는 표어이다. 많은 사람들이 의혹의 눈길을 보낸다. 몇몇 사람은 그게 뭐냐고 묻는다. 하루 15분 동안 책을 읽는다면 정말 우리의 인생이 바뀔까. 아니 보다 근원적인 질문을 하자면, 꼭 독서를 해야만 하는가. 동문서답을 하자면, 한겨울 문풍지 틈새로 새어 들어오는 겨울바람은 가혹할 정도로 춥다. 미리 종이를 발라 틈새를 막아두지 않으면 안 된다. 작은 틈이 큰 고통을 안겨주니깐 말이다.

우리는 모두 성공적인, 행복한 인생을 살기를 소망한다. 또 리더가 되어 사람들의 존경을 받으며 사는 멋진 인생을 꿈꾼다. 모든 리더Leader는 리더Reader라고 한다. 남을 이끌기 위해서는 먼저 지식이 풍부하고 지혜로워야 한다. 그러려면 꾸준히 책을 읽어서 다양한 분야의 지식과 지혜를 쌓아야만 한다.

조직의 리더는 그렇다 쳐도 개개인은 굳이 독서를 할 필요가 없는 것은 아닌가? 그렇지 않다. 개인들 또한 리더Leader이다. 한 집안의 부모는 모두 아이들의 리더이다. 그렇다면 리더가 아닌 사람이 어디 있겠는가. 혼자 사는 사람들도 자기 자신에게 리더인 셈이다. 그러므로 개인도 모두 리더Reader여야만 한다.

15분에서 시작되는 리더Reader의 기적

결국 우리 모두는 자신의 인생을 잘 이끌기 위해서 책을 읽어야만 하는 것이다. 인간은 심신의 결합체이다. 즉 정신과 육체 혹은 마음과 몸으로 구성된 존재이다. 문제는 우리가 정신보다는 육체 위주로 살아가고 있다는 점이다. 분명히 주인은 정신인데도 말이다. 몸을 위해서 영양이 풍부한 음식을 섭취하듯이, 마음을 위해서는 마음의 양식을 섭취해야만 한다. 책이 마음의 양식이니, 당연히 독서를 통해서 섭취해야만 한다.

얼마나 많은 사람들이 경제적으로 성공하고 명예를 얻고도 건강을 잃어 고통스러워하거나 스스로 목숨을 끊는 어리석음을 범하고 있는가. 이는 분명 정신적인 자양분을 제대로 섭취하지 못해 조화로운 삶을 영위하지 못하기 때문에 일어나는 일들이다. 즉 정신의 틈새를 책으로 막아주지 않았기 때문에 생기는 일이다. 이제 우리는 독서를 인생에서 가장 중요한 일로 여기고, 적어도 매일 한 시간 혹은 두 시간씩 책을 읽으면서 살아야 겠다는 결심을 해야만 한다.

하지만 현실은 녹록하지가 않다. 태생적으로 바쁜 현대인은 생계를 유지하기 위해 대부분의 시간을 보내야만 한다. 독서를 위해 하루에 1~2시간을 뚝 떼어 놓기가 어렵다. 그런데 가만히 관찰해보면 틈새 시간이 꽤 있다. 출퇴근 시간, 퇴근 후 잠자기 전까지의 여유 시간, 퇴근 전 늦장 부리는 시간, 아침에 뒹굴거리면서 게으름을 피우는 시간 등. 사실 대부분의 사람들은 이런 틈새 시간을 이용해 독서를 한다. 일을 팽개치고 독서만 하면서 사는 사람은 많지 않다. 따라서 모든 독서는 틈새 독서인 셈이다.

우리가 책을 읽지 못하는 것은 책을 읽지 않는 습관이 들었기 때문이다. 그런 사람은 책 읽는 습관이 들도록 바꿔주어야 한다. 인간의 모든 활동은 생각만으로 바뀌지 않는다. 그에 해당하는 뇌세포가 개발되어 존재해야만 한다. 따라서 일정시간 강제적으로라도 책을 읽어주어야만 한다.

천 리 길도 한 걸음부터라고 했다. 전혀 책을 읽지 못하는 사람은 틈새 시간을 이용해서 매일 최소한 15분씩 책을 읽어야만 한다. 왜 15분일까. 내가 하루에 15분씩이라도 책을 읽자고 생각한 것은《독서는 삶을 풍요롭게 한다》라는 책을 읽고 나서부터였다. 15분쯤은 틈새 시간 중에서도 쉽게 찾을 수 있다. 퇴근 후, 점심시간 후 사무실에서, 출근 전 신문 읽는 시간을 좀 줄여서······.

그러면 어떤 책을 읽어야 할까. 처음에는 책 읽는 습관을 들이는 것이 목적이므로 읽기 쉬운 재미난 책부터 시작하면 된다. 관심이 있는 분야나 취미에 관한 책이면 재미가 있을 것이다. 이렇게 한 달만 꾸준하게 연습을 하면 한 권의 책을 읽어낼 수 있다. 성취감도 들고 나도 할 수 있다는 자신감도 생길 것이다.

한 달에 한 권의 책을 읽었다면, 갖고 싶은 것을 자신에게 선물해도 좋을 것이다. 주위에서 칭찬을 해주거나 격려를 해주면 더 좋다.

시작이 반이라고 했다. 일단 15분 책 읽기를 실천하다 보면 재미도 느끼고, 책의 힘을 깨달을 수 있을 것이다. 그리고 분명히 15분의 틈새 시간을 더 찾아낼 수 있을 것이다. 1년이 지나지 않아 어느새 30분씩 책을 읽고 있을지도 모른다. 결국 하루에 30분씩 읽으면 한 달에 2권의 책을 읽을 수 있다. 만일 한 시간의 틈새 시간을 찾아낸다면 한 달에 4권, 1년이면 약 50권을 읽을 수 있다. 1년에 50권씩이나 읽는 사람의 인생은 어떻게 될까. 부자가 되고, 성공도 하고, 인격도 함양할 수 있지 않을까.

참 재미난 일화가 있다. 동생의 장모님께서 몇 년 전부터 조금씩 책을 읽기 시작해서 지금은 한 달에 대여섯 권의 책을 읽으신다고 한다. 63세이신데 다양한 분야의 책들을 다 잘 읽으신단다. 인생 공부를 열심히 하고 있는 동생과 가끔 깊이 있는 대화를 나누기도 하시면서. 무엇보다 유익한 점은 사람을 이해하는 폭이 넓어지고, 성격까지 밝아지고, 또 자신과 주변 사람들을 여유롭게 대하며 행복해하신다는 것이다. 이 모든 게 책을 통해서 이뤄졌다니 독서의 힘이 참으로 크다. 아무리 나이가 많더라도 책 읽기에 늦은 시기는 없다. 독서는 인생을 풍요롭게 해주는 것이 분명하다.

시간적인 틈새를 독서로 채우면
정신적인 틈새가 사라진다

15분은 인생의 단 1퍼센트에 지나지 않는다. 그러니 15분만 독서를 해도 인생이 바뀔 수 있다면 누구나 15분을 투자해야만 한다. 출퇴근을 전철이나 버스로 하는 사람이라면 더할 나위 없이 좋다. 시간을 거저줍는 것과 마찬가지다. 책을 읽겠다고 결심만 하면 된다. 출근 시간에 졸거나 허투루 시간을 보내지 말고, 15분만 책을 읽자. 가벼이 읽을 수 있는 책을 들고 다니자. 많은 사람들이 출근에 한 시간 이상 소요될 것이다. 이런 사람은 독서 습관을 들이기만 하면 바로 한 시간씩 책을 읽어 다독가의 반열에 들 수 있을 것이다.

출퇴근 틈새 시간은 발견하는 것이다. 있는 시간을 그냥 쓰기만 하면 된다. 그렇다면 자동차로 출퇴근하는 사람은 어떻게 하나. 요즘에는 오디오북이 나와서 운전하면서도 얼마든지 책을 들을 수 있다.

너무나 바빠서 도저히 틈이 없는 사람은 어떻게 할까. 뜻이 있는 곳에 길이 있다. 그런 사람을 짬을 내야만 한다. 30분 일찍 일어나거나, 30분 일찍 출근을 하거나, 퇴근을 조금 일찍 하기로 결심하고 책 읽을 시간을 만들어내야만 한다. 그렇게 하려면 업무를 더욱 효과적으로 처리하려고 노력해야 할 것이다. 때로는 잠자는 시간을 줄이는 노력도 필요할 것이다.

사실 리더는 다독을 해야만 한다. 다양한 분야의 책을 섭렵해야만 하기 때문에 더 많은 시간이 요구된다. 하루 2시간씩 읽는다면 한 달에 8권의 책을 읽을 수 있고, 1년이면 약 100권, 10년이면 1,000권의 책을 읽을 수 있다. 10년에 1,000권의 책을 읽은 사람이라면 어느 분야에서건 성공할 수 있을 것이다. 그러려면 시간을 쥐어짜내 틈나는 대로, 짬짬이 책을 읽어야만 한다. 속독이 필요할지도 모르고 전략적 책 읽기가 필요할 수도 있다. 어쨌든 이 정도 책을 읽는다면 원하는 꿈과 목표를 이룰 수 있지 않을까. 현대인에게는 마법의 3시간이 있다고 한다. 3시간을 모두 찾아서 책을 읽는다면 독서의 달인이 되지 않을까 싶다. 우리 모두 시간을 철저하게 관리하여 시간을 지배하는 사람이 되고 말리라.

　누구나 자기가 원하는 삶의 모습이 있다. 그래서 꿈을 꾸고 목표를 갖고 이상을 추구한다. 하지만 꿈과 현실, 목표와 현재 그 사이에는 항상 틈이 있다. 시간적인 틈새뿐만 아니라 정신적인 거리의 틈새가 있다. 시간적인 틈새를 독서라는 정신적인 활동으로 메워나가다 보면 언젠가 정신적인 거리도 메워져 꿈을 이룬 자기 모습을 보게 될 것이다. 틈새 독서를 통해 정신의 징검다리를 놓으면서 살아갈 때 진정 자기 자신이 원하는 삶을 살게 될 것이다. 결국 사소한 15분의 독서가 인생을 바꿔버릴 것이다.

모든 독서가가 다 지도자는 아니다.
그러나 모든 지도자는 반드시 독서가여야 한다.
- 해리 트루먼

틈새
독서의
묘미

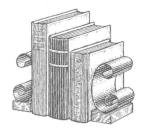

즐거움과 지루함은 종이 한 장 차이다. 시간 가는 줄 모르면 즐거움이고, 시간이 더디 가면 지루함이다. 시간과 시간의 틈새를 즐겁게 보낸다면 행복한 인생을 산다고 할 수 있으리라. 하루는 크게 세 가지 중요한 시간대로 구분된다. 일하는 시간대, 자유 혹은 여유 시간대, 그리고 잠자는 시간대. 이 주요 시간대 사이사이에 틈새 시간이 있다. 그리고 주요 시간대 속에서도 틈새가 존재한다. 사무실에서 일하는 사이사이 틈새가 있고, 집에서 쉬는 자유 시간대에도 틈새가 있기 마련이다. 심지어 잠자는 시간 사이에도 틈새는 존재한다.

틈새 시간들을 어떻게 보내느냐에 따라 인생의 질이 결정된다. 사실 틈새를 이용해서 즐겁게 할 수 있는 일은 그리 많지 않다. 5분, 10분 혹은 20분, 30분의 틈새 시간을 유연하게 활용할 만한 활동이 많지 않다. 식사, 운동, 대화, 휴식, 일, 음주나 끽연 등 어느 것이 틈새 시간에 가장 적합할까. 가장 좋은 방법이 독서가 아닌가 싶다.

　가끔 아내를 따라 쇼핑하러 갈 때 나는 밖에서 기다리면서 책을 읽는다. 시간이 설혹 길어진다고 해도 괜찮다. 점심을 시켜놓고 시간이 많이 걸려도, 손님을 만나기로 약속을 했는데 늦게 나온다고 해도, 갑자기 일이 생겼다며 기다려달라고 해도 문제가 되지 않는다. 책을 읽는다면 그런 틈새 시간이 버려지는 것이 아니기 때문이다. 손에 책이 있는 한 남거나 버려지는 시간은 없다.

　이처럼 한가로운 틈새 독서가 있는 반면 바쁘고 긴장되는 시간 속에서 틈새 독서를 할 수도 있다. 독서가 필요함을 절감한 사람들이나 독서에 중독된 사람들은 아무리 바쁜 와중에도 시간을 짜내고 짜내서 책을 읽는다.

성공한 사람들의 틈새 독서법

　틈새 독서 중에서는 나폴레옹의 독서 이야기가 단연 으뜸이 아닐까. 전쟁 중에 말을 타고 이동하면서까지 책을 읽었다니 평범한 사람들이 따라 하기는 힘든 독서 방법이다. 목숨이 위태로운 전장에서 책 읽기는 그만큼 전쟁에 자신이 있고 마음을 다스리는 자제력이 있어야만 가능할 것이다. 아무리 바빠 살아가는 사람일지라도 전쟁 속의 나폴레옹처럼 비장하지는 않을 테니,

조금만 더 분발해보자.

제아무리 성공한 사람이더라도 책을 가까이 하지 않는다고 하면 다시 쳐다보게 된다. 책을 읽지 않고는 성공할 수 없는 법인데, 어딘가 모르게 부족한 부분이 있을 것이라고 의심하게 된다. 동생이 몇 년 전에 나라를 떠들썩하게 했던 과학자가 인터뷰하는 장면을 보았는데, 너무 바빠서 책을 읽기 어렵다고 했다며, 다른 사람들처럼 존경심을 보일 수가 없었다고 말했다. 이야기를 듣고 나도 고개를 끄덕일 수밖에 없었다. 책을 읽지 않는 사람이 어떻게 균형 있고 조화로운 생각을 할 수 있겠는가.

기업의 운명을 좌우하는 CEO의 독서는 어떨까. 삼성의 이건희 회장은 바쁜 와중에 틈새를 이용하여 독서를 했다고 한다. 한 달에 20여 권의 책을 읽었다고 하니, 가히 틈새 독서의 달인이다. 이런 이야기를 들으면 더욱 분발하지 않을 수 없다. 느슨했던 마음의 허리띠를 졸라매고 독서에 매진하게 된다. 회사의 운명을 책임진 리더들이 이처럼 열심히 독서를 하는데, 개개인도 자신의 인생을 빈틈없이 경영하기 위해선 틈새 독서를 통해 가능한 한 많은 지식을 쌓아야만 하지 않을까.

나의 경우는 틈새 독서의 전형이라고 보아도 좋다. 맨 처음에는 출퇴근 시간에 책을 읽자고 결심하였다. 다음에는 짬짬이 틈새 시간을 만들어냈다. 그리고 마법의 3시간을 찾기 위해서 시간을 쥐어짜려고 애를 썼다. 나중에는 별 희한한 핑계를 다 대면서까지 틈새 시간을 만들려고 기를 썼다.

기본 출퇴근 시간에 읽는 책에 더하여 잠자기 전에 15분, 화장실에서 일 보는 시간, 휴일, 식사하는 시간, 사무실에서 업무 시작 전 15분, 1장# 읽는 시간 등 틈새 시간을 계속 만들어 갔다.

가장 어려웠던 것은 새벽 4시 30분에 일어나던 것을 한 시간 앞당긴 일이었다. 이렇게 결심한 것도 다 책을 읽고 생각이 바뀌어서 가능했다. 《벼랑 끝에 나를 세워라》라는 책을 읽고 결단을 했다. 3~4시간씩만 자면서 1년을 살아보니까 별 문제도 없고 괜찮았다. 뇌를 이렇게 살 수 있도록 프로그래밍하면 되는 일이었다. 나중에는 비좁고 흔들리는 차에서 읽으려고 문고판 책 읽는 시간, 사무실에서 짬짬이 읽는 시간, 시집 읽는 시간 등을 추가했다. 그 뒤로 더는 머리를 짜내지 않았다. 휴식이 필요하다는 생각이 들었기 때문이다.

전철에서 맛보는 메인 요리

코스 요리에 메인 요리가 있듯이, 나에게는 출퇴근의 틈새 독서가 메인 요리였다. 다른 모든 틈새 시간의 독서는 애피타이저

이자 후식이며 간식이다. 즉 한두 번 빼먹어도 부담이 없다. 메인 코스에서 영양분을 충분히 섭취하기 때문이다. 출퇴근하는 약 2시간 동안 책을 읽기 때문에 계획적인 독서가 가능하다. 인생 공부나 업무에 필요한 다양한 분야의 책들을 꾸준하게 읽고 있다. 결코 급하게 먹다가 체하지 않는다. 또 번갈아가면서 읽기 때문에 물리지도 않는다. 한 번 맛없는 식사를 해도 다음번에 맛있게 먹을 수 있기 때문에 어려운 책도 잘 참고 견딜 수 있다.

전철에서 책을 읽다 보니 재미난 일이 있다. 다른 사람들이 읽는 책을 훔쳐보기도 하는데, 그 중에서 기억해두었다가 제법 많은 책을 구입해서 읽었다. 자기 고집대로만 책을 읽다 보면 아무래도 편식을 하게 된다. 그래서 다른 사람들의 독서 취향도 참고하면서 색다른 맛을 느껴볼 필요가 있다.

모든 책에서는 저자의 생각이라는 고유한 맛을 볼 수 있다. 다른 사람들이 읽고 있는 책 제목을 채집해서 인터넷 서점의 개인 블로그 리스트에 등록을 해놓는다. 일종의 기록을 해두는 셈이다. 책을 주문할 때마다 살펴보고, 꼭 봐야겠다 싶은 책들만 주문을 한다. 좋은 책들만 거르고 걸러진다. 그 리스트에 오래 살아남는 책들은 언젠가 나의 서가에 한자리 꿰차는 영광을 안을지도 모른다.

틈새 시간 독서법만 알면 시간이 없어서 책을 못 읽지는 않을 것이다. 발견하고, 만들고, 안 되면 쥐어짜면 되니깐 말이다. 우선은 독서가 필요하다는 생각을 갖는 것이 중요하다. 무엇보다도 틈새 독서를 하다 보면 즐겁게 시간을 보낼 수 있을 뿐만 아니라 어느새 실력이 쌓이는 느낌이 들 것이다. 설령 가시적인 성과를 얻지 못하더라도 인생이 무료해서 죽겠다는 소리는 하지 않을 수 있다. 이 세상에 책만큼 다양하고 깊이가 있는 게 또 있겠는가. 결코 끝나지 않을 호기심 여행을 하게 된다면 평생이라는 시간이 짧기만 할 것이다.

틈새 독서의 즐거움과 재미를 느껴보려면 우선 아무 책이나 손에 들고 15분씩 책 읽는 습관을 들여라. 머지않아 다양한 풍취의 즐거움을 맛보게 될 것이다.

정주영 씨가
선물해준
아침

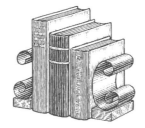

어느 날《벼랑 끝에 나를 세워라》는 책을 읽었는데, 나는 그 때 정말 벼랑 끝에 선 기분이었다. 배수진을 치고 열심히 일하지 않으면 안 되는 상황이라 마음을 날카롭게 세우고 결의를 다지기 위해서 그 책을 골랐다.

사람들은 흔히 얘기한다. 책을 읽고 실천하지 않으면 무슨 소용이 있냐고 말이다. 내게 딱 맞는 말이었다. 책을 아무리 읽어도 실제 활용하여 써먹지 않는다면 뭐하러 그리 열심히 읽느냐는 비난의 소리를 듣지 않겠는가. 그래서 책을 읽고 하나씩만이라도 실천하자고 결심하였다.

생각이 바뀌어야 행동이 바뀐다

하고 많은 내용 중에서 내가 실천하게 된 것은, 참 우습게도 고 정주영 씨를 이겨보자는 것이었다. 뚝심의 사나이로 현대라는 거대 그룹을 일으켜 세웠던 정주영 씨를 내가 어떻게 싸워 이길 수 있겠는가. 책에는 정주영 씨가 매일 3시 30분에 일어났다는 이야기가 나온다. 나는 바로 결심했다. 이거다, 내가 그를 이길 수 있는 것은 더 일찍 일어나는 것이다. 그래서 처음에는 3시 25분에 일어나기로 했다.

그런데 한 시간을 더 일찍 일어나는 것은 쉬운 일이 아니었다. 자명종 소리를 듣고도 바로 일어나지 못하고 뭉그적거렸다. 그러다 보면 3시 30분에 딱 일어나지 못했다. 그래서 나는 안전마진을 확보하려고 조금 더 일찍 일어나기로 했다. 그래서 5분 더 당겨서 3시 20분에 일어나게 되었다. 자명종을 맞춰놓고 자면 깜빡하더라도 3시 27분에는 일어났다. 이렇게 해서 늘 3시 30분 이전에 일어날 수 있었다. 그렇게 일 년 이상을 생활하게 되니까 습관이 들었다. 정주영 씨를 이길 수 있는 면이 나에게도 있었던 것이다.

한 시간 더 일찍 일어나서 무엇을 했을까? 물어보나마나다. 나는 책을 읽었다. 아침 한 시간을 오롯하게 책을 읽으니깐 무척 많이 읽게 되었다. 위에 언급한 책을 읽다 보니《한국인의 성공하는 7가지 습관》이라는 책이 생각났다. 저자는 우리가 뽑아내고자만 하면 마음대로 쓸 수 있는 시간을 3시간이나 빼낼 수 있다고 한다. 마법의 3시간, 이 3시간을 활용해서 독서를 하면 지식으로 중무장할 수 있다며 성공의 길로 가는 습관 중 으뜸으로 일찍 일어나기를 요청하고 있다. 나는 아침 3시 20분에 일어나면서 그의 이야기가 맞다는 것을 절실하게 느꼈다.

　첫차를 타고 출근을 하면 사무실에 도착하는 시간이 6시 24분이었다. 남들은 잠자리에서 일어날 시간에 사무실에 도착해서 무엇을 할까. 성공하기 위해 일찍부터 업무를 준비했을까. 아니다. 나는 소위 정신 무장이라고 할 만한 일련의 일들을 한다. 그것을 아침 행사라고 명명했다.

　먼저 사무실에 도착하면 기도를 한다. 처음에는 그저 세상 사람들이 서로서로를 사랑하고 또 깨달음을 얻었으면 좋겠다는 희구를 염원했다. 그러다가 몸이 아픈 사람들을 위한 치병 기도를 더하게 되었다. 하나둘 늘어나서 이제는 10명 정도가 된다. 가슴 아픈 일이지만 그 중에는 암에 걸려서 돌아가신 분도 있다. 그분께는 명복을 비는 마음으로 계속 기도를 하고 있다. 정말 모든 사람들의 병이 다 나았으면 하는 마음이 간절하다.

　'오늘은'이라고 해서 오늘 하루 어떻게 살겠다는 각오를 낭독하고, 성공일지를 마음속에 다지고 나의 목표를 노트에 기재한다. 책에서 배운 것들을 실행하는 것이다. 가장 기다려지는 시간이 바로 '오늘의 독서' 시간이다. 15~20분 정도 책을 읽는다. 정신 무장을 할 수 있는 책이나 두꺼워서 들고 다니기에는 불편한 책을 읽는다. 책을 읽다 보면 저절로 강한 마음을 갖게 된다.

다음이 하루에 1장¹씩만 책을 읽는 시간이다. 어느 날 책상 위에 꽂혀 있는 얇은 책을 꺼내들게 되었는데, 마침 한 페이지에 짧은 글들이 적혀 있어 잠시 잠깐의 시간에도 읽기에 부담이 없었다. 그런 책을 1분 혹은 2분 정도 읽는다면 마음에 쏙쏙 새겨 넣을 수 있을 것 같아서 1장씩 읽는 책이라고 해서 읽게 되었다. 어떤 때는 몇 페이지씩도 읽게 되었다.

책이 당신의 생각을 바꿀 수 있다

이렇게 일련의 행사를 마치고 나면 한 시간 정도 걸린다. 그래 봐야 7시 30분이니 참으로 여유 있게 하루를 시작할 수 있어 좋았다. 무엇보다도 책 읽는 시간이 있어 참으로 행복했다.

사람은 할 수 있다고 생각하면 무슨 일이든지 할 수 있고, 할 수 없다고 생각하면 아무 일도 할 수 없는 존재인 것 같다. 내가 처음부터 이렇게 일찍 일어났던 것은 아니잖은가. 무엇인가를 할 수 있으려면 먼저 생각을 바꿔야만 한다. 내가 하나라도 정주영 씨를 이겨보자고 생각한 게, 마침내 결심으로 바뀌고 마음을 먹는 순간 실천할 수 있었던 것이다.

동생이 가끔씩 지각을 하기에 좀 일찍 출근할 수 없느냐고 충고를 해도 소용이 없었다. 온갖 핑계를 댈 뿐이었다. 포기하고

틈새 독서를 권함

있을 즈음, 어디서 구했는지 동생이 《3시간 수면법》이라는 책을 읽기 시작했다. 그 뒤로 동생은 삶에 대한 태도가 바뀌었다. 할 수 있다고 생각하면 할 수 있고, 할 수 없다고 생각하면 할 수 없다는 말의 전형을 보는 듯했다.

책이 당신의 생각을 바꾸어줄 수 있다. 생각 자체가 변화의 첫걸음이다. 원인과 결과의 법칙에서 제일 처음으로 작동하는 스타트 모터와 같은 것이다. 그러니 책을 읽지 않고 어떻게 원하는 것을 얻을 수 있으며 성공할 수 있겠는가.

읽을 수 있는 사람은
누구나 다 어떻게 깊이 읽는가를 배울 수 있고
따라서 더 충만하게 살 수 있다.
- 노만 커즌즈

나만의
책 읽기
노하우

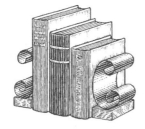

우리의 두뇌는 쓰면 쓸수록 그 능력이 더 커진다고 한다. 어떻게 훈련하느냐에 따라서 다양한 능력을 발휘할 수 있다. 그래서 레오나르도 다 빈치 같은 경우는 다양한 분야에서 뛰어난 능력을 발휘했던 것이다. 그러나 보통 사람들에겐 너무나 어려운 이야기다. 하지만 우리가 무엇이든지 잘할 수 있다고 믿으며 여러 분야에서 활용한다면 충분히 다재다능한 사람이 될 수 있을 것이다.

나는 실제 그러한 경험을 조금은 해보았다. 무역업을 한다는 목표가 서자 몇 개 외국어를 동시에 공부하였다. 사람들은 세 가지를 동시에 공부하면 헷갈리지 않느냐고 궁금해했다. 전혀 그렇지가 않았다. 첫째 그런 생각을 한 번도 하지 않았다. 둘째 열심히 외우고 떠벌리는 훈련을 계속해나갔다. 그때 일종의 자신감이 생겼다.

무협지만 읽었다던 친구의 소식

그렇다면 책은 어떻게 읽어야 할까. 좋아하는 한 가지 분야만 계속해서 읽어야 할까 아니면 다양한 분야의 책들을 섭렵해야만 할까. 두말하면 잔소리겠지만 가능하면 여러 분야의 책을 읽는 것이 좋다. 그래야만 다양한 관점을 통해 균형된 시각을 갖게 된다. 한 분야의 책만 읽다 보면, 과학적인 측면에서 보면 뇌의 신경망이 하나로 점점 더 굵게 형성되기 때문에 다른 요구가 생기더라도 그 한 분야로만 받아들이게 된다고 한다. 그래서 다른 분야의 책이 어렵게 느껴지는 것이다. 의도적으로라도 조금씩 다른 분야로 범위를 확대해나가는 노력이 중요하다.

몇 년 전에 초등학교 때 친구를 만났다. 십 몇 년 만에 만났는데 참 안타까운 얘기를 들었다. 그 친구는 초등학교 때 공부를 잘했던 친구였는데 재수를 해서 대학에 들어갔다고 한다. 그런데 대학을 마치지 못하고 중퇴를 했다고 한다. 도저히 교과서를 읽을 수 없었기 때문이란다. 사연을 들어보니 참으로 놀라웠다.

고등학교 때 친구를 따라 무협지를 읽기 시작했는데 수업시간에도 무협지만을 읽었단다. 재수를 해서 간신히 대학에 들어가기는 했지만 공부를 따라갈 수가 없었다는 것이다. 도저히 공부를 하지 못하겠기에 군대를 갔는데 복학해서도 마찬가지라 그만 학교를 때려치웠다고 한다.

사실 나도 만화책 보는 걸 좋아한다. 그리고 요즘엔 수준 높은 만화책도 많이 나오고, 애니메이션이나 여러 장르에 아이디어를 제공하는 역할을 하기에 그 영향력이 참으로 크다.

무협지는 더 자극적이었겠지만, 이 친구의 경우처럼 읽기 쉽고 자극적인 책을 계속 읽으면 점점 그 분야의 책만 읽게 되고 쉬운 책만 읽다 보니 어려운 책을 읽을 수가 없었던 것이다.

점차 수준 높은 책을 읽어나가야만 생각하는 힘이 커지고 의식이 확장되어 사고의 지평선이 열릴 것이다. 의도적인 노력을 하지 않는다면 다양한 분야로 독서의 범위를 확장시킬 수 없을 것이다. 그래서 나는 시간대별로 책을 달리 읽고 있다.

시간대별 독서법

출퇴근 시간에 읽는 책 이 시간에 읽는 책이 제일 많아 책 읽기의 중심이 되고 있다. 전공 분야(혹은 연구할 분야)와 교양 분야의 책을 교대로 읽고 있다. 따분한 전공 책만 계속 읽으면 너무 재미가 없으니 상식을 넓히기 위해 교양 책을 읽는 것이다. 어려운 책을 읽더라도 다음에는 좀 쉬운 책을 읽을 수 있으니 참을 수 있다. 전공 분야의 책은 영업이나 재무 관련 책을 주로 읽는다. 그러다가 특별한 관심사가 생길 때는 그 분야의 책을 읽기도 한다. 주식투자 관련 책을 계속해서 읽어왔고, 행복에 관련

된 책을 집중적으로 읽기도 한다. 전에는 사랑에 관한 책을 읽기도 했다.

이렇게 한 분야의 책을 집중적으로 읽으니까 이해가 깊어진다. 그리고 폭을 넓혀가면서 관심 분야의 책을 읽으니까 점점 시야가 넓어진다. 한편 너무 실용서 위주로만 읽다 보면 감성이 메마를까 싶어서 한 달에 시집 한권은 읽자고 여유를 부려보기도 한다.

화장실에서 읽는 책 처음에는 잠을 빨리 깨려고 소설책을 읽었는데 오래전부터 건강에 관한 책만을 읽고 있다. 5~10분 정도밖에 읽지 못하기 때문에 보통 두 달에 한 권 정도 읽는다. 지금까지 총 22권의 건강 관련 책을 읽었다. 그러다 보니 건강 관련 지식을 많이 갖추게 되었다. 수련을 계속하면서 건강관리를 하기 때문에 요즘은 병원에 가지 않는다. 감기 몸살에도 걸리고, 편도선이 아프기도 했지만 참고 견디고 있다. 이제는 면역력이 세어져서인지 병이 금방 낫는다. 건강한 삶을 위해 올바른 지식을 배우는 것은 어쩌면 가장 중요한 일일 것이다.

식사 시간에 읽는 책 식사 시간에는 '독서·책'에 관한 책을 보자고 정했다. 헌책을 사기도 하면서 일부러 수집을 했다. 그러다가 식사하는 시간에는 아내와 대화를 나누는 것이 옳다 싶어서 그만두고, 식사 후에 5~10분 시간을 내어서 읽었다.

잠자기 전에 읽는 책 몇 년 전부터 나의 가장 큰 관심사는 교육이었는데, 교육에 관해서도 장기적으로 공부를 해보자는 차원에서 잠자기 전에는 교육 관련 책을 읽기로 했다. 그런데 정신을 바짝 차리지 않으면 이 시간에 책 읽기가 어렵다. 아이들 숙제를 도와주거나, 대화를 하거나, TV에 빠지거나, 잠시 누워 있다가 스르르 잠들거나 해버리니 마음을 다잡고 자세도 바로 하지 않으면 안 된다.

휴일에 읽는 책 휴일에는 일주일의 피로를 풀기 위해 푹 쉬곤 했다. 그 주에 읽은 책에 대한 독후감을 쓰고 책을 읽지는 않았다. 명상을 하거나 TV를 보거나 했다. 그런데 몇 해 전 용인에서 후배의 결혼식이 있었는데, 편하게 버스를 타고 다녀오자 싶어 책을 들고 나섰다. 오가는 동안 책을 읽으니 심심하지 않고 좋았다. 그때 이후에는 휴일에도 마냥 쉬지만 말고 평소에는 시간이 없어 읽지 못하는 책을 읽자고 마음을 먹었다. 그래서 관심은 많으나 시간이 없어 읽지 못했던 '명상·깨달음'에 관한 책이나 에세이, 소설을 읽기로 했다.

한번 탄력을 받으니 점점 욕심을 내게 된다. 이번에는 회사에서 읽는 책으로 '오늘의 독서'라는 책을 정해서 15분 이상 읽었다. 이 시간대에는 '성공철학'이나 '마케팅' 관련 책을 읽고 있다. 역시 15분의 위력은 대단하다. 늦게 출근하면서 러시아워에 시달리느니 한 30분 정도 일찍 출근하면서 편하게 출근하고 또 30분을 활용하여 독서를 한다면 삶이 훨씬 여유롭고 또 풍요로워질 것이다.

회사에서 읽는 책이 하나 더 있다. 화장실에 가는 등 정말 짬짬이 읽는 책이다. 한 권 읽는 데 얼마나 걸릴지는 모른다. 심심할 때도 읽어야겠지. '보험·저축·투자' 등 업무 관련된 지식의 축적에 도움이 되는 책을 읽는다.

여기서 끝일까. 아니다, 더 있다. 독서토론 모임에서 토론했던 문고판 책이 있었는데, 얇은 게 휴대하기도 좋았다. 그래서 늘 예비로 갖고 다니면서 잠깐 걸을 때, 조금 짬이 날 때, 혹은 읽고 있던 책을 다 읽은 경우에 읽기도 했다. 살림출판사의 문고판 '살림총서' 시리즈를 다 읽고 싶다. 2006 서울국제도서전에 다녀온 뒤로는 범우문고의 문고판도 한두 권 읽었다. 앞으로도 자투리 시간을 활용하기 위하여 여러 종류의 문고판 책을 꾸준하게 읽어나가고 싶다.

이 정도면 가히 책만 읽는 바보라고 할 만할까. 어쩌면 조금은 지나치다 싶을 수도 있다. 하지만 책을 사랑하다 보니 자연스럽게 책 읽는 시간이 확장되었을 뿐이다. 그런데 참, 눈 건강을 생각해서 너무 무리는 하지 말아야 한다.

나는 앞으로도 평생 동안 꾸준하게 책을 읽을 것이다. 책과 함께하는 시간은 행복하니깐 말이다.

내가 독서를 시작했다면 책에서
읽은 것들을 행동으로 실천함으로써
독서를 끝내야만 한다.
-헨리 데이비드 소로

세상의 모든
사람들이 책을
읽는 목적은
무엇일까

하루 15분의 독서는 어떤 의미가 있을까. 성공도 할 수 있고, 부자가 되거나 원하는 일을 이룰 수 있을까? 그렇지는 않다. 그저 12권의 책을 읽는 것에 지나지 않을 수도 있다. 하루 15분의 독서는 출발점일 뿐이다.

생각의 변화—새로운 사람의 탄생

책을 읽는 이유 중 가장 중요한 것은 독서를 통하여 '생각의 변화'를 일으킬 수 있다는 것이다. 책을 읽으면 잘못 생각하고 있던 것에 대해서 바르게 생각할 기회를 얻을 수 있다. 결국 독서를 통해서 새로운 사실을 인지하게 되면서 생각이 변하고, 나아가 행동의 변화로 연결되어 새로운 사람으로 변하는 것이다. 모든 사람이 다 그런 경험을 한두 번은 해보았을 것이다. 독서를 통해서 변화를 이룬 사람의 이야기를 들어보자.

내적 자아와의 대화는 평화와 행복의 적을 무찌르고, 자신감과

창의력을 강화하며 업무수행 능력까지도 드높일 수 있는 놀라운 비결이다. 자기 자신과 진심 어린 대화를 나눔으로써 스스로를 문자 그대로 완전히 변신시킬 수 있는 것이다.

(……) 이런 방식으로 소심하고 자기 비하적인 태도를 완전히 뜯어고친 사람을 알고 있다. 다른 사람들이 쳐다보기만 해도 얼굴이 빨갛게 달아오를 만큼 부끄럼이 많던 사람이 몇 년 사이에 상상도 못할 만큼 바뀐 것이다.

(……) 5년 전이었다면 천금을 준다고 해도 그는 절대 강연대 위에 서지 않았을 것이다. 누가 공공장소에서 자기 이름을 부르기만 해도 기절하고도 남을 위인이었기 때문이다. 그는 눈곱만큼의 자신감도 없는데다가, 자신이 거짓말쟁이라는 강박관념에 시달리고 있었다. 그는 흠잡을 데 없이 정직하고 근면하였으며, 누구에게나 선의로 대했다. 하지만 그런 자신의 행동이 진짜가 아니며, 언젠가 자신의 본색이 만천하에 드러나게 될 것이라며 벌벌 떨었다.

(……) 그렇게 그는 몇 년 동안이나 자기 자신에 대한 거짓 상상에 빠져 말할 수 없는 고통을 겪었다. 자신에게 능력이 있다는 점은 잘 알고 있었지만, 단점을 너무 의식하다 보니 능력을 전혀 발휘할 수가 없었다. 결국 그의 인생은 실패로 치닫기 시작했다. 그러던 중 우연히 말로 하는 자기암시에 대한 책을 읽게 되었다. 그

는 즉각 책에 나온 대로 자기암시를 시작했고, 매일 내적 자아와 진심 어린 대화를 나누는 습관을 길렀다. 그러자 이내 그의 기분과 마음가짐이 크게 달라졌고, 행동이나 태도도 현저히 개선되었다. 그리고 지금 현재 그는 일말의 주저함도 없이 강연대 위에 당당히 올라서고 있다. 지독할 정도로 극심했던 수줍음이 완전히 사라진 것이다. 심지어 어떤 비판이나 비난이 쏟아져도 전혀 침착함을 잃지 않는 놀라운 경지에 오르기까지 했다(오리슨 스웨트 마든, 《성공으로 가는 생각법칙》).

이 이야기에서 주인공은 책을 읽고 자기암시라는 자기계발 방법이 있다는 것을 알았다. 그가 책을 읽고 실천하느냐 아니냐는 이차적인 문제이다. 중요한 것은 그런 것이 있다는 것을 알고 생각이 변했다는 것이다. 이 이야기는 극단적인 경우라고 볼 수도 있다. 이 경우 용케도 좋게 변했지만 그렇지 않을 수도 있을 것이다. 그렇다. 모든 사람이 다 이처럼 긍정적인 변화를 얻지 못할 수도 있다. 거듭 강조하지만 중요한 점은 이 사람이 책을 읽고 자기암시라는 것을 알았다는 사실이다. 누구든지 책을 읽기만 하면 자기암시에 대해서 알게 될 것이다. 여기까지가 책의 일차적인 역할이다. 책이 궁극적인 변화까지 약속하는 것은 절대 아니다. 자기암시를 적극적으로 실천하는 것은 각자의 선택이다.

지식과 정보를 얻을 수 있는
가장 값싸면서 객관적인 매개체

그렇다면 꼭 책만이 어떤 사실을 알려주는 유일한 매개체일
까. 그렇지는 않다. 주인공은 친구나 혹은 스승을 통해서도 자기
암시법에 대해 알 수 있을 것이다. 어떤 사람들은 우연하게도 스
스로 자기암시법을 실행하면서 성공적인 인생을 살 수도 있다.
그것이 자기암시법이라는 이름으로 알려졌다는 것도 모른 채
말이다. 여기에서 결론을 내릴 수 있다. 어떤 것을 인지 또는 인
식하기 위해서 독서만이 유일한 길은 아니며, 독서는 하나의 길
일 뿐이라는 것이다.

하지만 사람들은 일반적으로 다른 사람의 이야기를 귀담아
듣지 않는다. 책이라는 객관적인 정보를 더 신뢰하는 법이다. 또
어지간히 지혜로운 사람이 아니고는 세상 모든 것을 스스로 알
수는 없다. 책은 지식과 정보를 얻을 수 있는 가장 값싸면서도
객관적인 매개체이다. 그래서 책을 통해서 유익한 지식과 정보
를 입수할 수 있다고 일반화시킬 수 있다.

독서의 가장 큰 목적은 '생각의 변화'를 얻는 것이다. 행동으
로 옮기건 옮기지 않건 그건 중요한 것이 아니다. 분명히 알고

있어야만 한다. 많은 사람들이 책을 읽었지만 아무런 변화도 효과도 없다고 불평불만을 하는데, 그것은 잘못 '생각'하는 것이다. 책은 분명히 낭떠러지를 건널 수 있는 다리가 어디에 있음을 알려주는 것이지, 자동적으로 다리를 건너게까지는 해줄 수 없다. 좋은 글을 인용해본다.

좋은 책을 읽고서도 그다지 얻은 게 없다고 말하는 사람들이 많습니다. 그런 사람들은, 그 어떤 책이나 강좌도 할 수 있는 것이라고는 그 사람의 가능성이 눈을 뜨게 하는 일일 뿐이라는 사실을 깨닫지 못한 것입니다. 의지의 힘을 사용하도록 자극하는 것이 책의 역할입니다. 어떤 사람에게 이 세상이 끝날 때까지 무엇을 가르쳤다 할지라도, 그 사람이 익힌 것은 자신이 배운 것이 전부일 뿐입니다. '사람을 우물로 데려갈 수는 있지만 물을 마시게 할 수는 없다.'는 속담 그대로입니다(세론 Q. 듀몬,《성공하려면 집중력으로 승부하라》).

이렇게 생각의 변화를 일으키고, 나아가 행동의 변화를 낳게 하고, 결국 자신의 변화까지 가능케 하는 것이 독서의 가장 큰 역할이다. 독서는 변화의 첫 출발점이 된다.

우리의 삶은 두 가지 방법을 통해 변화한다.
우리가 만나는 사람들을 통해서
그리고 우리가 읽는 책을 통해서.
-맥케이

15분
독서를
습관화하기

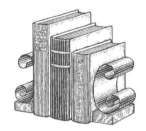

다행스럽게도 독서의 필요성을 미처 깨닫기 전에 그저 책을 읽는 것이 좋아 책을 많이 읽다가 자연스럽게 독서하는 습관이 들었다면 더할 나위 없이 좋다. 책을 계속 읽어나가면 되니깐 말이다. 하지만 이런 사람은 자신의 독서 습관을 유심히 살펴볼 필요가 있다. 그저 쉬운 책만 읽는 것이 아닌가, 계속 재미에만 머물러 있는 것이 아닌가, 편식을 하는 것은 아닌가 하고 깊이 반성해야만 한다. 독서의 가장 큰 목적은 분명 '생각의 변화'를 추구하는 것이어야 한다. 성장·발전을 위해 늘 변하려면 다양한 생각들을 알아야만 한다. 수많은 책 속에 들어 있는 여러 가지 생각들을 내 것으로 만들어야 한다. 이렇게 되면 사고하는 힘이 커진다. 즉 지혜로워지고 현명해지는 것이다. 그래서 끊임없이 독서를 해야만 한다. 독서 습관이 자리 잡은 사람이라도 이런 의미에서 독서의 필요성을 새삼스럽게 깨달아야만 한다. 그래서 더 수준 높은 독서를 향해 나아가야만 한다.

독서라는 습관의 길을 닦자

책을 통해서건 충고를 들어서건 독서의 필요성을 알게 된 사람은 이제 독서 습관을 들여야만 한다. 하지만 모든 습관은 쉽게 몸에 배어들지 않는다. 시간이 필요하다. 숲 속에 길이 나기 위해서는 수많은 사람들의 발길이 닿아야 하는 것과 같은 이치다. 그래야 뇌에 독서라는 습관의 길이 나는 것이다. 한 번 길이 나면 쉽다. 더 넓히기도 쉽다.

또 다른 비유를 들어보자. 장마철에 비가 내리면 마당이 패이기 시작한다. 처음에는 가느다란 골에 지나지 않는다. 하지만 시간이 흘러 빗물이 많이 흘러갈수록 땅이 점점 더 깊고 넓게 패인다. 이처럼 계속해서 생각하고 행동하면 습관의 힘이 커진다. 무엇이든 처음이 어려울 뿐이다. 습관이 들고 강화되면 나중에는 오히려 그만두기가 어렵다. 중독되었기 때문이다.

또 다른 예를 들어보면, 저축할 때 가장 어려운 것은 맨 처음 종잣돈 천만 원을 만드는 것이다.

왜 그럴까. 그것은 무엇인가 하던 것을 그만두어야만 하기 때문에 익숙하지가 않고, 힘들기도 하며, 심할 경우엔 고통스럽기까지 하다. 돈을 모으려면 먼저 친구를 만나서 술을 마시며 노는 즐거움을 포기해야만 한다. 그게 어디 쉬운 일인가. 이런 것을 한 달 두 달 참고, 일 년을 참는다면 절약하는 습관이 든다.

다음부터는 습관적으로 저축을 하기 때문에 더 많은 돈을 쉽게 모을 수 있다. 결국 돈을 모으는 것이 어려운 일이 아니라 기존의 돈을 헤프게 쓰던 습관을 바꾸는 일이 어려운 것이다. 대부분의 사람들이 평소 습관을 그만두지 못해서 종잣돈 모으는 일을 포기하고 마는 것이다.

새로운 습관을 들이는 일이 어렵다는 것을 인식하고 있으면 좋다. 그렇게 생각하고 있어야 유혹에 잘 대처할 수 있다.

"처음에 참는 것이 어려운 거야. 조금만 참자. 그러다 보면 완전하게 습관이 들 거야. 내가 함께 술을 좀 마시지 않는다고 친구들이 나를 외면하지는 않을 거야."

이렇게 자기암시를 하면서 유혹을 뿌리치고 기존의 습관으로부터 멀어져야만 한다.

독서 습관 들이기 요령

독서 습관을 들이는 것이 어렵다는 것을 알고 있으면 슬기롭게 대처할 수 있다. 우선 쉬운 책, 재미난 책부터 읽자. 만화책으로 시작해도 좋고, 얇은 어린이 동화책으로 시작해도 좋다. 어찌되었든 우선 하루 15분 정도만 책을 읽자. 일주일 내내 책을 읽었으니 상을 준다는 생각으로 일요일 하루쯤은 쉬어도 좋다.

내가 처음에 책을 읽는 습관을 들일 때 써먹은 방법을 따라

해도 좋다. 어느 정도 책을 읽는 습관이 들자 나는 일주일에 1권의 책을 읽자고 결심하게 되었다. 결심을 한 후에 책을 읽을 때, 매일 읽을 분량을 포스트잇으로 표시해두었다. 예를 들어 240페이지짜리 책을 6일 만에 읽자면 하루에 40페이지씩만 읽으면 된다. 좁은 포스트잇으로 40, 80, 120, 160, 200, 240페이지에 각각 포스트잇을 붙여놓고 매일 정해진 분량을 읽었다. 목표가 있으니까 조금 더 애를 써서 책을 읽게 되었다. 시간이 부족해서 하루 분량을 다 못 읽을 경우엔 잠자기 전에 시간을 내서 읽었다. 이렇게 하다 보니 나중에는 자연스럽게 일주일에 1권의 책을 읽게 되었다. 그래서 표시를 하지 않고도 책을 잘 읽을 수 있었다.

이런 방법이 효과적이라는 것을 알고 나서 아이들에게 책을 읽힐 때도 알려주었다. 아이들도 처음에는 포스트잇을 붙여서 표시해두고 책을 읽었으나 이제는 습관이 들어 머릿속으로만 하루하루 읽을 분량을 계산하면서 책을 읽는다. 아이들까지 잘 따라 하는 것을 보고 이 방법이 매우 효과적임을 확인할 수 있었다.

처음에는 얇은 책으로 시작해서, 하루 15분씩 일주일에 1권을 읽는 것이 좋다. 하루 15분 동안 10페이지 정도를 읽을 수 있다면, 60페이지 남짓한 동화책으로 시작해도 좋을 것이다. 시간이 흐르면 좀 더 빠르게 책을 읽을 수 있다. 이렇게 꾸준하게 습관을 들이다 보면 정말 책 읽는 재미에 빠질 수도 있을 것이다. 더 읽고 싶은 생각도 들 것이다. 그렇다면 30분씩 읽어나가도 좋다. 꼭 15분을 고집할 필요는 없다.

아이들이 책을 읽을 때 엄마아빠도 합류하면 된다. 가능하다면 온 가족이 시간을 정해서 책을 읽으면 더 좋을 것이다. 설령 아이들이 책을 읽지 않는다고 해도 부부가 꾸준하게 책 읽는 모습을 보여준다면 아이들에게 좋은 귀감이 될 것이다. 아이들은 부모의 등을 보고 자란다고 했다. 부모가 책을 읽는다면 어느새 아이들도 따라 할 것이 분명하다. 말없는 교육이 더 좋은 교육이 아닐까.

틈새 시간 활용법

15분의 틈새 독서를 하는 습관을 들이는 데 성공했다면, 이제 조금 더 많은 틈새 시간을 찾아 독서 시간을 늘려나가면 된다. 하루 15분씩 독서를 하면 1년에 12권을 읽을 수 있고, 30분이면 24권의 책을 읽을 수 있다. 가능하다면 하루 한 시간 정도씩 책을 읽어 1년에 50권 정도까지 읽으면 좋다. 그래야 인생을 살아가면서 꼭 필요한 여러 분야의 지식을 습득할 만큼의 충분한 책들을 읽을 수 있을 것이다. 이 정도라면 가히 다독가라고 해도 좋지 않을까.

이제 우리는 세속적인 성공을 지향하든 그렇지 않든 독서하는 삶을 지향해야 한다. 누구나 최소한 하루 한 시간씩은 꾸준하게 독서하는 삶을 영위해야만 한다. 여가 시간이 충분한 사람은 그 시간 중 한 시간을 독서하는 데 할애해야 하며, 여유 시간이 전혀 없는 사람은 어떻게 해서든지 틈새 시간을 만들어 책을 읽어야만 한다. 15분, 30분, 한 시간까지 늘려나가야만 한다. 한 시간 이상 독서를 하면 더 좋겠지만 그 이상의 시간은 본인의 판단에 맡기자. 다른 취미활동이나 자기계발에도 시간을 배분해야 할지도 모르니까.

인생의 목표에 따라 장기 독서 계획 세우기

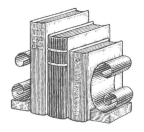

우리는 독서를 통하여 삶을 유지시켜주는 여러 가지 지식과 정보를 계속 습득해야 하기 때문에 장기 독서계획이 필요하다.

오늘날 평균수명이 무척이나 길어졌기 때문에 인생을 유지해 나가는 데 필요한 공부를 계속 해야만 한다. 직업, 건강, 부부 사랑, 친구, 직장 동료 등과의 인간관계, 취미, 종교 등 인생에서 중요한 분야가 너무나 많다. 이런 모든 것에 대해 보다 깊이 알아야만 한다. 그래야 더 성공적이고 행복한 인생을 살아갈 수 있다. 직업에 있어서는 국내외 경제 환경이 급변하기 때문에 경제 일반, 업계 동향, 경영, 직무 및 경력, 리더십, 환경 등 여러 분야에 대한 지식과 정보를 지속적으로 습득하지 않으면 살아남을 수가 없다. 평생 어떤 책들을 읽어야 할지 한번 깊이 생각해보고 계획을 세워야 한다. 가능하면 인생계획에 따라 독서계획을 세우는 것이 좋다.

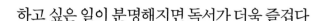

하고 싶은 일이 분명해지면 독서가 더욱 즐겁다

나는 독서, 행복, 건강, 부, 사랑에 관한 책을 꼭 쓰고 싶었다. 그래서 이 다섯 가지 분야에 대한 책을 꾸준하게 수집하면서 읽어가고 있다. 또한 교육, 성공철학, 깨달음, 명상, 수련, 그리고 다양한 분야에 대한 배움에도 관심이 많다. 아직 이렇다 할 취미활동은 하고 있지 못하지만 앞으로 등산, 사진, 서예, 낚시 등의 취미활동을 해보고 싶다. 이런 분야에 대한 책도 틈틈이 읽으려고 한다. 얼마 전부턴 시를 공부하고 싶어 시집을 모으고 있다. 만약에 65세 이후에 은퇴를 한다면 그때부터는 동서양의 모든 고전을 읽어볼 계획이다.

체계적인 독서를 위해 장기 독서계획을 세웠다면 15분으로는 부족하다. 15분 정도의 틈새 시간이 아닌 규칙적으로 한 시간 이상 독서할 수 있는 시간대를 마련해야만 한다.

이 주요 시간대에는 자신의 직업이나 전공에 관련된 책을 꾸준히 읽어주면 좋다. 만일 그럴 필요가 없다면 인생에서 중요한 다른 분야에 관한 책들을 규칙적으로 읽으면 된다. 참으로 행복한 삶을 위해서는 건강, 부(직업), 사랑, 행복 등에 관한 책을 많이 읽어서 의식수준을 높여야만 한다. 이렇게 책을 읽는 사이 인내심과 도전하는 마음이 길러진다.

책 읽을 주요 시간대가 결정되면 그 시간대에는 절대 거르지 말고 책을 읽어야 한다. 그래야 평생 독서 습관을 지켜갈 수가 있다. 나의 경우는 출퇴근 시간에는 절대 다른 일을 하지 않는다. 아침에 출근길에는 성균관대학역에서 전철을 타는데 금정역까지만 신문을 본다. 신문을 다 읽지 못하더라도 접어서 가방에 집어넣고 책을 꺼내서 읽는다. 금정역부터 사무실이 있는 선릉역까지는 반드시 책을 읽는다. 행복에 관한 글을 빨리 쓰고 싶기 때문에 출퇴근 시간에 글을 쓸 수도 있겠지만 그러지 않고 반드시 독서를 한다. 오가다가 아는 사람을 만나더라도 짧게 대화를 마치고 책을 읽는다. 좀 지나치다 싶겠지만 한번 원칙이 허물어지면 쉽게 결심이 무너진다는 것을 잘 알고 있기 때문에 꼭 지키는 것이다. 글을 쓸 때는 의지력을 발휘해서 새벽에 일찍 일어나서 쓴다. 아니면 퇴근 이후에 시간을 내어 쓰기도 한다.

장기 독서계획에 따라 주요 시간대를 정해서 계획적으로 독서를 해나가면 좋은 점이 많다. 일이나 전공에 관한 책을 미리미리 꾸준하게 읽을 수 있으므로 급하게 서둘러서 책을 읽을 이유가 없다. 한발 앞서 나가는 셈이다. 전문 분야를 꾸준하게 공부하면 능력이 점점 더 향상되어 승진 등에 여러모로 크게 유리하게 작용할 것이다. 게다가 다양한 분야에 대해 깊이 있는 공부를 할 수 있다.

장기 독서계획에 따라 독서를 해나가자면 차근차근 준비해야 할 것이 있다. 먼저 인생계획에 따라 '공부하거나' '연구할' 분야를 정하는 것이 좋다. 계획은 얼마든 바뀔 수 있으니까 나중에 추가하거나 빼면 된다. 가능하면 관심 분야의 책들을 미리미리 구입해둘 필요가 있다. 시간 여유가 있다면 헌책방을 이용해서 적은 비용으로 많은 책을 구입할 수도 있다. 매달 말에 다음 달 독서계획을 세우면 좋다. 나의 경우 한동안 월말에 다음 달 독서계획을 세웠다. 그렇게 계획을 세우고 집에 없는 책들은 인터넷을 통해 미리 주문해두었다. 월말에는 왜 책을 계획대로 못 읽었는지 반성해보는 시간도 갖는다. 주요 시간대에는 고정적으로 정해진 분야의 책을 읽으면 좋다. 나는 한 특정 분야에 대해서 최소한 10~20권의 책을 두루 읽은 다음 다른 분야의 주제로 넘어간다. 사이사이 교양서적을 읽으면 지루함이 덜하다.

정독, 속독, 건너뛰며 읽기 그리고 스크랩까지

읽은 책의 내용을 기억해두려고 가급적 독후감을 쓴다. 인터넷 서점이나 포털의 블로그에 리뷰를 올리기도 한다. 다른 사람들의 피드백도 받을 수가 있어 좋다. 리뷰를 쓰다 보면 글쓰기 연습도 할 수 있고, 읽은 책의 내용을 정리해두면 기억하기도 좋다. 리뷰를 쓰면 글 쓰는 훈련을 하는 효과도 있다. 나는 만 5년 동안 독후감을 써서 기록해두었다. 따로 홈페이지를 만들어 책 읽는 순서대로 독후감을 게시해왔다. 굳이 홈페이지를 개설하지 않고 인터넷 블로그를 활용해도 좋다. 블로그에 리뷰와 메모를 올리면 된다.

속도 면에서 독서 방법을 이야기하자면 정독, 속독, 건너뛰며 읽기가 있다. 평상시에는 정독을 하면서 읽어야 하겠지만, 시간이 부족하다면 속독을 하는 수밖에 없다. 속독을 배우지 못했을 경우에는 건너뛰면서 읽을 필요가 있다. 장기 독서계획을 세워서 미리미리 필요한 책들을 읽어나간다며 급하게 서두를 필요가 없어 좋다. 책도 빨리 많이 읽으면 효과가 떨어질 수도 있다.

긴급한 필요에 의해서 책을 빨리 읽어야 할 때를 대비해 속독이나 건너뛰며 읽기를 배워둘 필요도 있다. 유비무환이니깐 말이다. 건너뛰며 읽기는 제목이나 머리말, 목차를 통해서 책의 개요를 파악하고 본문을 건너뛰며 필요한 부분만을 읽는 방법을 말한다. 이렇게 읽고 나서 정독을 하면 책을 더 잘 읽을 수 있다고 한다.

신문이나 잡지를 읽을 경우에는 10~15분 정도 일정한 시간만을 읽는 것이 좋다. 모든 신문을 꼼꼼하게 다 읽다가는 하루 종일 신문만 읽고 있어야 할지도 모른다. 나는 지하철에서 약

10분 정도 신문을 훑어보고 있다. 우선 제목이나 부제만 읽고 특별하다 싶은 내용이 아니면 건너뛴다. 다 읽지 못하고 모아둔 신문을 토요일에 한두 시간 정도 별도의 시간을 내어 중요한 기사들을 스크랩해둔다. 한 달에 한 번 정도 스크랩해둔 것을 주제별로 정리해서 보관한다.

존경하는 역사학자 선생님의 연구실을 방문하여 자료를 스크랩해놓은 것을 보고 무척 놀랐다. 매달 스크랩한 자료를 꼼꼼하게 철을 해서 10년도 넘는 자료를 보관해두셨다. 어찌나 깔끔하게 정리해두었는지 감탄하지 않을 수 없었다. 무릇 학문을 하는 자는 이래야 하는구나 싶었다.

책 읽기와
시간 관리로
삶을
구조조정하자

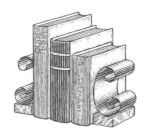

우리는 모르는 것을 배우기 위해 열심히 공부를 해야만 한다. 스 승이나 멘토 혹은 전문가에게 배 우고, 여러 가지 다양한 경험을 쌓으며 배우고, 늘 책을 읽으며 배워야 한다. 현대인들의 문제 는 배우지 않는 데 있다. 개성 중 시 사회라고 해서 자신의 특출한 능력을 발휘하면 된다는 생각에 어려서부터 배움을 멈춘다. 하 나의 능력을 잘 계발하기만 해도 성공할 수 있는 사회이기 때문 에 인생의 여러 가지 어려운 삶의 기술들을 전혀 배우려고 하지 않는다. 그러다 보니 편협한 삶을 살 수밖에 없다. 일찍 성공해 서 좋지만 인생에 필요한 여러 가지 것을 제대로 배우지 않았기 때문에 언젠가는 크게 실패할 수도 있다. 이는 우리 모두가 크 게 경계해야만 하는 일이다.

삶의 구조조정이 필요한 순간

인생의 의미를 생각하고 가야 할 길을 명확히 알고 있는 사람은 해야 할 일 또한 분명히 알고 있다. 시간을 아껴가면서 일을 하고 여유 시간을 마련할 것이다. 독서의 필요성 또한 잘 알고 있을 것이다. 틈틈이 시간을 내 독서하는 삶을 영위할 것이다. 책 읽는 즐거움에 푹 빠져 엷은 미소를 짓지 않을 수가 없다. 너무 바쁘다고 절대 허둥지둥하지도 않는다. 직장에서도 업무 처리를 효과적으로 하여 여유 시간을 많이 내 가족들과도 즐거운 시간을 보낸다. 음악회에도 다니고 영화도 보러 다닌다. 가끔 시간을 내 친구들과도 마음을 나눈다. 때로는 시간이 빠르게 흘러가기도 하지만 대개 여유 있게 흘러간다. 시간의 흐름을 깊이 느낄 수 있다. 이것이 우리가 지향해야 할 시간 관리가 잘되는 행복한 삶이다.

하지만 현대인들은 너무 바쁘다 보니 시간의 노예처럼 살아가고 있다. 잘나가는 사람들일수록 더 바쁘다. 전혀 여가 시간을 내지 못한다. 가족에게도 소홀하기도 하고 자신을 위해서도 시간을 내지 못할 정도로 바쁘게 살아간다. 사무실에서 밤늦게까지 일을 하거나 집에서까지 일을 하면서 늘 일 생각만 한다. 이것은 집중력이 떨어지는 것이다. 일에 중독된 것이다. 한마디로 병이다. 심각한 문제인데도 불구하고 정작 본인들은 무엇이 문제인지도 모른다. 결국 심한 스트레스와 긴장으로 인하여 젊은 나이에 심각한 질병에 걸린다. 이런 삶은 결코 바람직하지 않다. 인생의 목적이나 의미를 진지하게 생각해보아야만 한다. 삶의 구조조정이 필요하다.

일찍 경제적으로 많은 성취를 이룬 사람들은 여가 시간이 많다. 이것저것 경험도 많이 해보았다. 하도 많이 하다 보니 이제 재미도 없다. 시간이 무료하기만 하다. 무슨 일을 해도 흥취가 나지 않는다. 이제 삶의 의미를 찾는 일이 필요하다.

현대인들은 모두 가던 길 멈추고 책을 읽으며 조용히 자신의 삶을 성찰해보아야만 한다. 언젠가는 한번은 해보아야만 할 일이다. 한 권 두 권 책을 읽으면 느낌이 달라진다. 생각이 바뀌고 관점이 바뀌게 된다. 결국 새로운 삶의 시야가 트인다. 삶을 다른 각도에서 바라볼 수 있고 인간에 대한 이해가 깊어질 것이다. 책에게 길을 물어 인생길을 발견할 수 있을 것이다.

미래를 위한 시간 저축

신문은 그야말로 새로운 정보를 획득하는 유용한 수단이다. 하지만 기삿거리는 대부분이 부정적인 것이다. 방송 또한 유해한 프로가 많다. 안 그래도 현대인의 삶이 부정적인 사건 사고에 지나치게 많이 노출되는데 자청해서 더욱 부정적인 생각으로 세뇌를 시키고 있는 것이다. 이런 부정적인 생각은 성공적이고 행복한 삶에 큰 장애물이 된다. 깨어 있는 삶을 살았던 유명한 저자의 글을 인용해본다.

그러나 그런 사람들이라도 날마다 한두 가지 신문을 읽는 시간과 노력은 들이지 않는가! 게다가 그 신문 기사들 중 90퍼센트는 필요나 애착이 있다거나 기쁨을 얻고자 읽는 게 아니다. "그래도 사람이 신문은 읽어야지!" 하면서 단순히 오랜 습관으로 읽는다. 나는 학창시절부터 신문하고는 담을 쌓고 살면서 기껏해야 여행 중에나 어쩌다 한 부씩 읽을 뿐이다. 하지만 그렇다고 더 초라해지지도 우둔해지지도 않았으며, 오히려 더 나은 일에 쓸 수천수만의 시간을 벌었다. 날마다 신문을 읽는 이들은 그렇게 매일 신문을 읽는 데 들이는 시간의 절반만으로도 여러 책 속에 담겨 있는 삶과 지혜의 보물을 제 것으로 삼을 수 있다는 사실을 정녕 모르는 것인지(《헤르만 헤세의 독서의 기술》 중에서).

사람들은 직장을 위해 모든 것을 바치고 쫓겨날 때가 되어서야 자신의 젊음을 바쳐 열심히 일했는데 이렇게밖에 대우를 해주지 않는다고 불평불만을 토로한다. 기업은 냉정하다. 사용할 가치가 있는 사람은 더 많은 급여를 주면서 붙잡아두려고 하는 반면, 가치가 없다고 생각될 땐 가차 없이 내친다. 이것이 기업의 속성이다. 그래서 자기계발은 현대인의 숙명이다.

준비 없이 하루 이틀 시간이 흘러가면 어느새 자리에서 밀려나는 시기가 온다. 준비 없이 맞이한 퇴출은 고통스러울 수밖에 없다. 그것으로 끝나는 것이 아니다. 자신감이 없어지고 의욕이 상실되어 삶이 위축된다. 미리미리 자기계발을 했어야만 한다. 자기계발의 첫걸음 역시 직장생활과 인생에 대한 성찰로부터 시작된다. 계획하는 삶을 살아야 한다. 행복한 미래를 위해 현재의 시간을 투자해야만 한다. 인생에 대해서와 마찬가지로 일, 직장생활, 경력 관리에 대해 깊이 생각해보아야만 한다. 그러면 공부를 하고 독서를 해야만 한다는 필요성을 절실하게 느끼게 될 것이다.

3~5년만 출퇴근 시에 틈새 시간을 이용하여 일, 경력관리, 미래 준비를 위한 책을 읽는다면 충분하게 자기계발을 할 수 있다. 한 분야에 50권의 책을 읽는다면 3~5개 분야에 대한 충분한 지식을 쌓을 수 있다. 이렇게 지식을 갖추면 자연히 성공할 수 있을 것이다. 한 시간 이상 전철로 출퇴근을 하는 사람이라면 도전해볼 만한 일이다.

대기업 재무부서에 근무하는 한 고등학교 친구는 퇴직을 대비해야 한다면서 꾸준하게 AICPA 시험공부를 했고, 3년의 도전 끝에 합격을 하였다. 시간뿐만 아니라 적지 않은 돈을 투자했던 결과다. 지금은 다시 세무사 시험공부를 준비하고 있다고 한다.

그동안 가끔 만나서 이야기를 들었는데 힘들어서 몇 번이나 포기하려고 했었단다. 하지만 포기하지 않고 끝까지 도전하여 성취해냈던 것이다. 그러는 동안 술자리도 줄이고 아끼고 절약하면서 살았다고 한다. 자신을 철저하게 관리하면서 성공적인 마음을 계발했던 것이다. 이 얼마나 보람 있고 가치 있는 일인가.

이렇게 미리미리 준비하고 대비할 때 인생은 어떤 경우에도 흔들리지 않는 법이다. 반면 다른 한 친구는 늘 노심초사하면서 걱정만 했지 아무런 준비를 하지 않았다. 책을 선물하면서 미리미리 준비하라고 조언을 했지만 소용이 없었다. 결국 근무하던 회사에서 나오게 되어 한동안 고생을 했다. 누구에게나 닥칠 수 있는 일이다. 철저하게 준비해야지만 인생에서 낙오되지 않고 살아남을 수 있다.

보험회사에서 일하게 되면서 나는 일찍 출근했다. 쾌적한 아침 독서를 위해 첫차를 타고 출근했다. 내가 열심히 책을 읽은 것도 더 나은 자신을 만들기 위해서였다. 다양한 분야의 책을 읽으면서 실력을 키워 미래를 위한 준비를 해왔다. 하지만 나는 시간의 노예가 되지는 않았다. 책을 통해서 아이들 공부도 직접 지도하기도 하고 가끔은 영화 구경도 같이 다녔다.

시간은 절대적이고 보편적인 것 같지만 지극히 상대적이고 개인적이다. 시간을 어떻게 보내느냐는 인생을 어떻게 바라보고 어떻게 사느냐에 크게 좌우된다. 인생을 가치 있게 보는 사람에겐 시간이 소중하겠지만, 삶을 무가치하게 여기는 사람은 시간이 전혀 중요하지 않다. 또 단순하게 여유 시간이 많다고 해서 좋은 것도 아니며, 바쁘게 시간을 보낸다고 해서 좋은 것도 아니다. 어떤 면에서 보면 시간은 느끼며 즐기며 보내야 하는 것이기 때문이다. 당신은 시간을 어떻게 보내고 있는가. 시간을 아끼며 가치 있게 보내고 있는가 아니면 단순히 흘려보내고 있는가.

어떻게 시간을 대하는 것이 행복하게 보내는 것인지, 사람을 만나고 준비하는 데에는 어떤 시간 전략이 필요한지 생각해보자.

정보를 위해서 읽고, 즐거움을 위해서 읽어라.
우리의 도서관은 지식과 기쁨으로 가득 차 있고
그곳에 모든 것이 있다.
- 에비게일 밴 부런

금쪽같은 시간, 인생을 공부하자

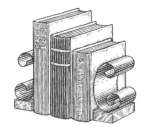

15분씩의 틈새 독서를 통하여 독서 습관을 들이고, 다음으로 장기적인 안목에서 독서계획을 세워 계획적인 독서를 하고, 또 가치 있게 책 읽기를 한다. 이렇게 하면 온전한 인생을 영위할 수 있는 것일까. 그렇지는 않다.

많은 사람들이 조화로운 삶을 영위하지 못하고 있다. 비록 사회적으로 성공한 사람들일지라도 스스로 목숨을 끊기도 한다. 보통의 사람들 중에서도 건강을 잃어 고통스럽게 살아가거나 일찍 죽는 경우도 있다. 독서의 대가라면 이런 인생의 문제에서 자유로울 수가 있을까. 진지하게 묻지 않을 수가 없다. 책을 사랑하고 독서를 잘하는 사람들은 다른 일반적인 사람들과는 뭔가 달라도 달라야 하지 않을까.

다독가라고 해도 크게 다르지 않다. 사람인 이상은 모두가 자신의 마음을 잘 다스리지 못한다.

《행복한 이기주의자》란 책을 보면 우리는 대부분 과거 혹은 주변의 잘못된 정보와 지식 그리고 경험에 따라 살아가고 있다고 지적한다. 심하게 표현을 하면 자신에 대해 알고 있는 95퍼센트는 잘못된 지식이라고 생각해도 좋다는 것이다. 그래서 누구나 현재의 자신과 전혀 다른 자신으로 살아갈 필요가 있다. 그런데 이런 지혜를 깨달은 사람이 많지 않다. 그래서 인간 존재에 대해 보다 철저히 공부를 해야만 할 필요가 있는 것이다.

대충대충 병은 이제 그만, 치밀한 계획을 세워야

인생에서 성공하려면 반드시 인생 설계를 해야만 한다. 인생 설계는 인생 설계사에게 의뢰를 해야만 한다. 하지만 유감스럽게도 아직까지는 인생 설계사라는 전문가는 없다. 누가 인생에 대해 잘 알아서 어떻게 살아야 한다는 것을 체계적이고 치밀하게 계획해줄 수 있겠는가. 다행스럽게도 요즘 그런 것에 대해 연구하는 사람들이 있기는 하다. 미국 등 여러 나라에서는 라이프 코치가 사람들의 인생 설계를 상담해주고 있다. 그러한 예가 《블루 프린팅》이라는 책에 나오기도 한다. 이 책에서처럼 운 좋게 지혜로운 전문가를 만날 수 있다면 다행이지만 그렇지 못하다면 스스로 배우면서 공부를 해야만 한다. 여기에서 또 한 번 독서의 필요성이 대두되는 것이다.

어렵긴 하지만 개인이라도 독서를 통하여 인생 설계에 대해서 체계적으로 공부를 하면 좋다. 신뢰할 만한 전문가를 만나면 많은 시간을 절약할 수도 있을 것이다.

행복한 인생계획을 세우는 방법

성공적이고 행복한 인생계획을 세우는 방법을 알아보자.

처음 단계로 '인생 설계를 해야만 한다'는 사실을 잘 인식하고 있어야 한다. 인생 설계란 인생 전반에 걸쳐 꿈을 꾸고 목표를 세우는 것이다. 보다 구체적이고 체계적일수록 실현 가능성이 높다. 꿈은 아름답고, 행복하고, 위대하고, 찬란하면 더욱 좋다. 한마디로 인생을 어떻게 살 것인가에 대해서 궁리를 하는 것이다. 사춘기에 어떻게 살아야 할까 잠깐 고민하고 말았지만, 이제야말로 진지하게 어떻게 살아야만 하는가를 깊이 생각해 보아야만 한다. 인생 설계에는 중요한 원칙이 있다. 일생 동안의 행복 추구가 목적이 되어야만 한다.

행복하기 위해서는 건강, 부, 사랑이라는 3요소가 반드시 고려되어야 한다. 또한 이에 더하여 균형되고 조화로운 목표를 세워야 한다. 일, 가족, 친구, 취미 등에 대해서도 고려해야 한다. 가장 기본이라고 할 수 있는 경제적 준비가 바탕이 되어야 한다. 모든 상황은 가변적이다. 그럴 때는 언제라도 수정하고 보완하면 된다. 왜냐하면 환경도 변할 뿐만 아니라 사람이 변하기 때문이다. 사람이 배우고 성장하면 꿈은 변하기 마련이다. 꿈

너머 꿈을 추구하면서 살아야 한다. 가능하면 인생철학에 기반을 둔 가치 있는 꿈을 세워야 한다. 그러기 위해 자신의 개성, 소질, 소명에 잘 맞는 꿈을 꾸어야 한다. 인생의 의미를 찾을 수 있고 보람을 느낄 수 있는 일을 찾는 게 좋다. 가치 있는 일이라면 더 바람직하다. 인생의 목적과 자기 철학에 기반한 인생계획은 어떤 상황에서도 흔들리지 않는다. 그렇기 때문에 어려운 상황이 닥친다고 해도 평생 흔들리지 않고 굳건하게 살아갈 수 있는 것이다.

어떻게 살아야 하는가?

모든 것에 대해서 철저하게 공부하면 할수록 더 좋은 계획을 세울 수 있다. 공부를 하는 방법은 여러 가지가 있다. 책을 보고 스스로 공부를 하거나, 전문가나 멘토 또는 스승에게 배우는 방법도 있을 것이고, 경험을 통해 몸으로 배울 수도 있다. 과연 어떤 방법이 가장 접근성이 좋을까. 무엇보다도 독서를 통해서 배우는 것이 가장 효율적일 것이다.

인생계획을 세웠다면 그것을 실현시켜나가기 위해 어떤 공부를 해야 할지 고민해보고 그에 따라 독서계획을 세워야 한다. 장기 독서계획에서 언급한 것처럼 인생계획에 따른 독서계획을 세워 차근차근 독서하는 삶을 살면 된다. 공부는 깊이 있게 해야만 한다. 다른 일반 사람들이 하는 것처럼 대충하고 만다면 하나마나 한 결과를 낳는다. 우리가 알고 있는 그런 어렴풋한 지식은 깊은 깨달음을 주지도 못하고 생명을 지켜주지도 못한다. 경험을 통해 확인이 되어야 진정한 의미를 깨닫게 되어 지혜로 자리 잡을 수 있다. 인생 설계를 할 때 행복을 지향해야 한다는 말이나, 행복을 위해서는 부, 건강, 사랑이 필요하다는 말이 와서 가슴을 치지 않는다면 제대로 공부한 것이 아니다. 꼭 필요하다고 생각되어 인용을 해본다.

어떻게 (생각하면서) 살아야 하는가?

우리가 물질적인 부를 생각하면 그것을 얻을 수도 있다. 생각을 집중하면 원하는 조건이 나타나고 적절한 노력이 투여될 것이며, 따라서 소망을 실현하는 데 필요한 환경이 만들어질 것이다. 하지만 우리가 원한다고 생각했던 것을 얻었을 때 흔히 기대한 결과와는 다르다는 사실을 알게 된다. 다시 말해서 만족감이 금세 사라지기도 하고, 바라는 것과 정반대 결과가 따르는 경우도 있다. (……) 그렇다면 올바른 진행 방법은 무엇일까? 우리가 정말로 바라는 것을 얻으려면 무엇을 생각해야 할까? 당신과 내가 바라고 우리 모두가 바라고 찾는 것은 '행복'과 '조화'이다. 진실로 행복하면 세상에서 얻을 수 있는 전부를 가진 셈이다. 자신이 행복하면 타인도 행복하게 해줄 수 있다.

(……) 어떻게 해야 진정 행복할 수가 있을까?

모든 사람이 바라는, 최고의 성장과 완벽한 자기계발을 위해 필요한 세 가지는 건강, 부, 사랑이다. 누구라도 건강이 절대적으로 필요하다는 점을 인정할 것이다. 몸이 고통스럽다면 누구라도 행복할 리 없다. 부가 꼭 필요하다는 점에 대해서는 모든 사람이 다 인정하지는 않겠지만, 적어도 적당한 만큼은 있어야 한다는 데는 이의가 없을 것이다. 그러나 어떤 이에게는 적당한 것이 어떤 이에게는 절대적으로 고통스러울 정도로 부족한 것일지도 모른다. 그리고 자연이 우리에게 그저 필요한 정도가 아니라 넘쳐날 정도로 풍성하게 베풀어주는 만큼, 어떤 한계나 결핍이 있다면 그것은 순전히 인위적인 분배방식에 따른 결과일 뿐이다.

(……) 사랑이 행복의 세 번째, 아니 어쩌면 첫 번째로 중요한 요소라는 점은 모두가 인정할 것이다. 어찌 되었든, 건강, 부, 사랑, 이 모두를 가진 사람은 행복이라는 잔에 더 넣을 것이 없겠다(《성공의 문을 여는 마스터키》중에서).

사람들은 대개 지혜롭지 못하다. 직접 고통을 경험하기 전에 미리 생각해보아 현명하게 대처할 수 있으면 누구나 실패하지 않을 텐데 유감스럽게도 경험을 해보기 전까지는 깨닫지 못한다. 많은 사람들이 인생에서 실패하는 이유가 바로 여기에 있다. 그러므로 우리는 진실로 깊이 있게 배워야만 한다.

사람이 장기적인 계획을 세우게 되면 생각하고, 행동하는 것이 변하기 마련이다. 위대한 성공철학자 폴 제이 마이어의 이야기를 들어보자.

"나는 서른 살이 되는 생일 때 장래 계획을 처음으로 장기적인 사고방식으로 전환시켰습니다. 그 뒤로는 기간을 조금씩 늘려왔지요. 내가 건강에 신경을 쓰는 까닭도 여기에 있습니다. 내가 열심히 책을 읽고 공부를 하는 까닭도 여기에 있습니다. 우정을 평생 유지하는 것도 다 이 때문입니다. 장기적인 전망 위에 생각하기 시작하면 생활양식이 달라집니다."

그는 사람은 평생 건강하지 않으면 다른 많은 노력이 아무런 소용이 없다는 것을 깨달은 것이다. 그래서 미리 건강에도 신경을 쓰는 것이다. 계획은 철저하게 생각하도록 만들어준다는 점에서 지혜에 속한다.

우리 인생의 전부인 시간, 제대로 관리하자

이렇게 인생을 장기적인 관점에서 바라보면 시간 관리를 철저히 해야 할 필요성을 느끼게 된다. 책을 읽고 공부를 하려면 우선 시간을 만들어내야만 하니깐 말이다. 더 이상 친구들과 술을 마시면서 허송세월을 보낼 수가 없다. 또 지나치게 TV를 시청하거나 신문을 보면서 여유 시간을 함부로 낭비할 수는 없다. 잠시의 틈새 시간이라도 허투루 보낼 수는 없다. 삶을 대하는 기본적인 태도가 변하게 된다. 인생에서 효율과 효과를 추구하지 않을 수 없다.

조금 더 깊이 생각해보면 시간이 우리 인생의 전부라는 것을 알 수 있다. 우리에게 시간이 있기 때문에 모든 생명활동을 누릴 수가 있다. 시간이 있기 때문에 일을 할 수 있고 결과적으로 돈을 벌 수 있다. 그 중에서도 여유시간이 중요하다. 시간이 나야 독서를 할 수도 있고, 취미활동도 할 수 있고, 사람들과 사귈 수도 있다. 그렇다면 시간이야말로 모든 것인 셈이다. 다시 한번 시간을 철저하게 관리할 필요가 있다는 것을 깨닫게 된다.

참으로 다행인 것은 시간은 누구에게나 공평하다는 것이다. 부자에게나 가난한 자에게나 주어진 시간은 동일하다. 비록 여유 시간에 차이가 나기는 하겠지만 잘 관리만 하면 시간을 엄청나게 많이 늘릴 수가 있다. 얼마나 기쁜 소식인가. 자기 관리를 잘하지 못하여 70세까지밖에 살지 못하는 사람에 비하여 건강하게 90세, 100세까지 오래 사는 사람은 사용 가능한 시간을 무척 많이 만들 수 있다. 행복한 삶을 위해서는 물론 시간을 많이 누리기 위해서도 우리는 기본적으로 건강을 잘 살피면서 살아야만 한다. 시간을 잘 활용하기 위해서라도 건강 관리를 잘 필요가 있다.

우리는 앞에서 틈새 시간을 만들고, 이용하여 독서하는 방법을 배웠다. 또 장기적인 독서계획을 세우는 법도 배웠다. 인생계획에 따라 독서계획을 세워 독서하는 삶을 영위해나간다면 반드시 인생에서 원하는 것을 모두 성취할 수 있을 것이다.

이것이 바로 지혜의 힘이다. 인생을 깊이 통찰할 수 있는 힘이 있어야 한다. 그래야 우리는 어떤 것에도 걸림이 없는 탄탄대로의 인생길을 걸으며 행복을 구가할 수 있을 것이다.

《영원히 살 것처럼 배우고 내일 죽을 것처럼 살아라》는 책이 있다. 열심히 배우고, 시간을 금쪽같이 소중하게 여기며 살라는 뜻이 아닌가. 인생계획을 수립하고, 그에 따른 장기적인 독서계획을 세워서 15분의 틈새 시간도 소중히 여기며 행복한 마음으로 독서를 하자. 성공적인 인생이 책을 향하는 눈끝에, 책장을 넘기는 손끝에 달려 있으니깐 말이다.

당신은 누군가의 인생에 대해서 읽지만
그것은 당신으로 하여금
당신 자신의 인생에 대해서 생각하게 해준다.
그것이 바로 독서의 아름다움이고
내가 책을 사랑하는 이유다.
- 오프라 윈프리

틈새
독서의
기술

03

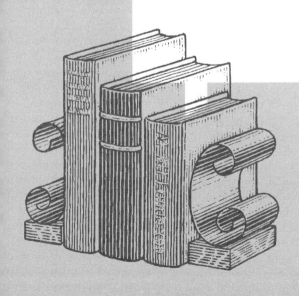

독서 습관을 들이기 위한 15분 틈새 독서 기술

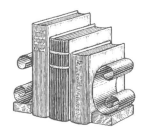

누군가가 독서의 필요성을 느끼고 매일 15분씩 독서하여 독서 습관을 들였다면, 그래서 15분 독서의 힘을 느끼게 되었다면 이제 어떻게 하면 틈새 독서를 더 잘할 수 있을까 고민하고 그 기술을 알려달라고 요청하고 싶을 것이다. 사실 이러한 문제는 어떤 책을 읽으면 좋을지 추천해달라는 물음과 크게 다르지 않다. 과연 어떻게 슬기롭게 답을 할 수 있을까. 일단 어려운 상황에 처하면 원칙으로 돌아가라는 충고를 하고 싶다.

15분 틈새 독서를 위한 준비운동

독서 습관을 들이기 위해서는 독서 환경을 만들어주는 것이 절대적으로 필요하다. 평소 책을 읽을 준비를 해두면 언젠가는 도움이 될 수 있다. 어떻게 준비해야 할까.

첫째, 늘 책을 갖고 다니자. 서당개 3년이면 풍월을 읊는다고 어떤 환경에 처하면 언젠가는 그에 어울리는 행동을 하게 된다. 폼으로라도 책을 들고 다니다 보면 어느 날은 왠지 모르게 한 줄이라도 읽고 싶은 생각이 들 것이다. 그때를 위해서 늘 책을 갖고 다니자. 전에 사무실 근처에 서점이 몇 군데 있을 때는 늘 들러서 책을 더 자주 샀다. 하지만 서점이 없어진 뒤로 책을 덜 사게 되었다. 일부러 멀리 사러 가는 일이 쉽지 않았다. 마찬가지다. 늘 갖고 다니다 보면 책에 손이 갈 것이다. 빈손에 책을 들고 다니기가 불편하고 남들이 볼까 신경이 쓰인다면 작은 손가방을 하나 사서 넣어 가지고 다니면 좋을 것이다.

둘째, 틈새 시간을 확보하자. 틈나는 시간을 이용하여 책을 읽자. 화장실에서도 좋고, 사무실에서 점심식사 후 남는 시간에 잠깐 책을 읽어도 좋을 것이다. 매일 일정한 시간의 틈새 시간을 규칙적으로 이용하면 된다. 퇴근하여 집에서 잠자기 전 15분 정도를 확보해도 좋다. 아니면 새벽에 일찍 일어난다면 신문 읽는 시간을 15분만 줄이고 대신 책을 읽으면 된다.

셋째, 공간을 확보하자. 사무실에서 식사 후에 독서를 할 때 회의실이 조용하다면 그곳이 좋을 것이다. 출퇴근 시 전철을 이용한다면 탑승구가 아닌 반대쪽 문가 쪽을 차지하면 된다. 집에서는 TV가 없는 곳에 자리를 잡자. 식탁도 좋고 침실도 좋다. 좀 조용한 곳이면 된다. 물론 서재가 따로 있다면 고민할 필요가 없겠지만 말이다.

넷째, 볼펜과 자 그리고 포스트잇을 준비하자. 필요할 경우에는 밑줄을 치면서 책을 읽자. 책을 아이들에게 물려주려고 깨끗하게 보고 싶다면 자를 이용해서 밑줄을 치면 된다. 중요한 내용이나 기억하고 싶은 내용은 포스트잇에 따로 적어두자.

다섯째, 독서 노트를 마련하자. 읽은 책에 관해 간략하게나마 기록해두려면 노트를 활용하면 좋다. 중요한 대목을 적어둔 포스트잇을 붙여둘 수도, 포스트잇의 내용을 깔끔하게 정리해둘 수도 있을 것이다. 또 독서일지나 독후감을 쓰는 것으로도 활용할 수 있을 것이다. 필요할 경우 인터넷에 블로그를 개설하여 노트 대신 활용할 수도 있다.

여섯째, 인터넷 블로그를 활용하자. 블로그를 활용하면 다른 사람들의 반응을 알아볼 수 있어 좋다. 교감을 통해 배우는 바도 적지 않을 것이다. 처음부터 남들을 의식하고 쓰다 보면 실력이 더 빨리 늘 것이다. 하지만 인터넷을 활용하는 것이 거부감이 든다면 그저 독서 노트를 이용하면 된다.

틈새 독서 실천요령

첫째, 하루 15분 독서를 하겠다고 굳게 결심하자. 내가 가장 독서운동을 전개하고 싶은 사람들은 전혀 책을 읽지 않는 사람인데, 이 책을 손에 넣었다면 이미 독서에 관심이 있는 사람일 것이다. 그래도 규칙적으로 책을 읽지 않는 사람이라면 매일 15분씩 규칙적으로 책을 읽어야만 한다. 또한 독서를 그저 취미로만 생각하는 분이라면 생각을 완전히 달리해야만 한다. 독서를 해야만 생명을 유지할 수 있기 때문이다. 독서를 하지 않으면 인생에서 실패할 수밖에 없다. 그러니 어떤 일이 있어도 독서를 하겠다고 자기와의 굳은 약속을 해야만 한다.

둘째, 쉬운 책이나 어린이용 책을 읽자. 책을 오랜만에 접하거나 가끔씩 읽는 사람이라면 매일 15분 동안 책을 읽는 게 어려울지도 모른다. 15분은 짧지만 하기 싫은 일을 할 때면 무척이나 길게 느껴질 것이다. 그러니 본인이 흥미를 느낄 수 없는 책이라면 과감히 버리고 재미를 느낄 수 있는 책을 집어 들어라. 만화책도 좋고 어린이 책도 좋다. 전래동화도 좋고 위인전도 좋다. 여건이 허락한다면 큰 소리를 내서 아이들에게 읽어주면 좋다. 자신도 책을 읽을 수 있을 뿐만 아니라 아이들에게 책을 읽어주는 효과도 얻을 수 있어 일거양득이다. 그러는 동안 자기도 모르는 사이에 책에 끌릴 것이다. 만일 어린이용 책이 마음에 들지 않는다면 문고판 책 중에서 관심 있는 분야부터 보면 된다. 어떤 책이든 매일 15분씩 읽으면 된다. 한 달만 꾸준히 15분씩 책을 읽자. 책 읽는 재미가 들려 더 많은 시간을 읽게 된다면 걱정할 필요가 없다. 30분도 좋고 한 시간도 좋다. 다만 매일 꾸준하게 읽어야만 한다.

셋째, 포스트잇을 붙여 표시하자. 어린이용 책이라 빨리 읽을 수 있다면, 일주일에 한 권을 읽으면 된다. 책 한 권을 일주일 중 6일 동안 읽는다면 전체 페이지를 6으로 나눠 매일 읽을 분량을 계산하여 하루치마다 포스트잇을 붙여둔다. 그리고 어떤 일이 있어도 매일 그 표시까지는 책을 읽는다. 가령 120페이지짜리 책이라면 매 20페이지마다 포스트잇을 붙여놓고 날짜까지 적어둔다. 한 달 동안 읽을 두꺼운 책이라면 전체를 4~5주로 나눠서 일주일마다 포스트잇을 붙이고, 다시 일주일치를 5~6일로 나눠서 다른 색의 포스트잇을 붙여두고 매일매일 정해진 분량만큼 읽으면 될 것이다.

넷째, 어떻게든 한 권의 책을 끝내자. 며칠 읽다가 그만두고 싶다고 해서 포기하지 말자. 중간에 그만 읽고 싶더라도 한 권만이라도 끝까지 읽어보자고 마음을 다잡으면서 계속 읽자. 평생 이 책 한 권만이라도 읽겠다는 각오로 읽는다면 적어도 한 권은 읽을 수 있을 것이다. 만약 한 권을 다 읽는다면 생각이 바뀌고 느낌이 달라질 것이다.

다섯째, 한 권을 다 읽으면 상을 주자. 한 달 동안 꾸준히 한 권의 책을 다 읽었다면 자신에게 상을 주어도 좋다. 하고 싶었던 일을 하는 특전을 주자. 부부가 서로 칭찬해주면 더 잘하고 싶은 마음이 들 것이다. 거창한 것이 아니라도 좋다. 그저 자기 자신에게 책 한 권을 선물해도 좋을 것이다. 다음 달엔 그 책으로 시작한다면 더욱 의미가 크지 않을까. 이렇게 6개월 동안 15분씩 책을 읽어나간다면 틀림없이 책 읽는 습관이 들 것이다.

여섯째, 가능하다면 독서 코치를 받자. 주위에 책을 잘 읽는 사람이 있다면 코칭을 부탁해보자. 시행착오를 덜 겪고도 훌륭하게 책 읽는 습관을 들여나갈 수 있을 것이다. 요즈음엔 인터넷에 독서 클럽이 많은데 그런 모임에 가입해서 함께 독서를 해도 좋다.

일곱째, 할 수 있다면 독후감을 써보자. 글 쓰는 일은 독서를 하는 일과는 또 다른 차원이다. 책을 읽고 난 느낌을 간단하게라도 적어두는 습관을 들인다면 독서의 효용이 더욱 커질 것이다. 좋은 내용은 적어두었다가 다른 사람에게 이야기해도 좋고, 기록해두었다가 심심할 때마다 읽어보면서 외워도 좋을 것이다. 다른 사람에게 들려주었는데 좋은 반응을 얻는다면 더 열심히 독서를 하고 싶은 의욕이 생길 것이다.

생산적인
인생을 위한
틈새 독서
기술

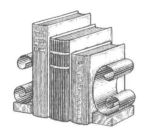

15분 틈새 독서로 독서 습관이 들었다면, 더 효율적으로 독서를 잘하고 싶을 것이다. 어떤 사람들은 부자가 되고 싶을 것이고, 또 다른 사람들은 직장에서 성공하고 싶을 것이다. 나아가 진정 행복한 삶을 영위하고 싶을 것이다. 자신의 위치에 맞는 독서법은 없을까 고민하게 될 것이다. 그렇다면 도대체 어떻게 개개인의 상황에 맞는 틈새 독서 기술을 갖출 수 있을까.

어느 정도 속도로 읽을 것인가

15분 틈새 독서법은 기본적으로 정독을 전제로 한다. 하루 15분씩만 정독하여 책을 읽으면 1년이면 12권, 10년이면 120권을 읽는다고 가정해보자. 한 시간 정도의 틈새 시간을 이용하면 1년에 50권, 10년이면 500권을 읽을 수 있다. 이 정도만 읽어도 인생에서 성공할 수 있다고 보는 것이다. 그렇지 못하더라도 10년 정도 책을 더 읽어 20년 동안 1,000권의 책을 읽는다면 누구나 다 성공할 것이라고, 나는 막연하게 가정을 하고 있다.

누구나 다 한 시간을 내기는 힘들 것이다. 정말 바빠서 15분 밖에 시간을 낼 수 없다면 어떻게 해야만 하는가. 필요는 발명의 어머니라고 했다. 그때는 속독이 필요하다. 일반적인 속독이 아닌 특수한 방법의 속독법이 있다. 가능한 모든 독서방법을 간략하게 소개해볼 테니, 자신의 상황에 맞는 독서법을 적절하게 선택하면 좋겠다.

정독과 속독

정독精讀은 꼼꼼하게 책을 읽는 것이다. 충분한 시간만 있다면 정독하는 것이 바람직하다. 하루에 한 시간을 낼 수 있다면, 그리고 평생 책을 읽으며 살 사람이라면 굳이 속독을 배우라고 권하고 싶지 않다. 하지만 단기간에 많은 책을 읽어야만 하는 일을 하는 사람이라면 속독을 배워둘 필요가 있다.

속독速讀은 그야말로 빠르게 읽기다. 나는 특별히 속독법을 배우지는 않았지만 시간이 부족하고 변화무쌍한 세상에 넘칠 듯 불어나는 새로운 정보를 파악하는 일을 하는 사람이라면 속독을 해야 할 것이다. 매일 쏟아지는 신기술을 요약 정리하는 사람이라면 더욱 그러할 것이다. 매주 혹은 매달 새로운 분야를 취재해야 하는 사람도 마찬가지다.

묵독과 음독

묵독默讀이란 무엇인가. 일반적으로 책을 읽을 때 우리는 소리를 내지 않지만, 엄밀하게 생각해보면 입으로 소리를 내지 않을 뿐 머릿속으로는 한 글자 한 글자 읽는다. 이것이 보통의 묵독이다. 하지만 속독을 할 때는 그저 눈으로 보라고 한다. 한 글자 한 글자 따로따로 새기지 않고 눈으로 보는 것이다.

음독音讀은 말 그대로 목소리를 내어서 읽는 것이다. 시를 읽을 때나 아이들에게 책을 읽어줄 때나 소리를 내어서 읽을 필요가 있다. 이런 목적이 아니라도 가끔은 소리를 내어 읽어주면 좋다.

일독과 재독, 삼독

일독一讀은 어떤 책을 한 번만 읽는 것이다. 많은 책들이 한 번 읽으면 족하다. 그렇지만 어려워서 제대로 읽지 못한 책은 재독 혹은 삼독을 할 필요가 있다. 또 가치가 있는 좋은 책은 다시 읽어야만 할 것이다.

재독再讀은 읽은 책을 다시 한 번 더 읽는 것이다. 좋은 책은 재독할 가치가 있다. 삼독三讀을 해도 또는 그 이상을 읽는다고 해도 허물이 되지 않는다. 나도 몇 권의 책은 두 번 읽었다. 한두 권의 책은 세 번까지 읽었다.

다독과 편독

다독多讀은 많이 읽는 것을 말한다. 보통 정독과 대비되어 대충 읽는다는 의미로 받아들여지고 있다. 다독은 그야말로 많이 읽는 것이다. 다양한 분야의 많은 책을 읽는 것은 오늘날처럼 지식과 정보가 넘쳐나는 시대에 꼭 필요하다. 여기에서 다독은 두루 읽는 편독遍讀을 의미한다.

편독偏讀이란 특정한 분야 한쪽으로만 치우쳐 읽는 것을 말한다. 추리소설만 읽는다든지 무협지만 읽는다든지 하는 것이 편독이다. 정보가 넘쳐나는 시대에 균형 있게 살기 위해서는 다독을 해야 하지만, 어쩌면 우리는 대부분 자신이 좋아하는 분야의 책만 읽는 편독주의자일 것이다.

통독과 건너뛰며 읽기

통독通讀은 처음부터 끝까지 내처 읽는 것을 말한다. 정독이든 속독이든 다 이에 해당한다.

건너뛰며 읽기는 중간 중간 건너뛰면서 읽는 것이다. 급한 업무나 필요 때문에 중요한 정보만 얻기를 원할 경우, 건너뛰면서 읽으면 된다.

15분 속독법과 30분 속독법

15분 독서법은 '15분간 정독'하는 것을 의미한다. 반면 여기에서 말하는 15분 속독법은 하루를 15분 단위로 쪼개서 활용하자는 전략하에 15분 동안 빨리 책 읽는 것을 가리킨다. 이것은 《퇴근 후 3시간》이라는 책의 저자 니시무라 아키라의 자기계발을 위한 제안에 등장하는 시간활용법을 이용하는 것이다. 바쁜 사람들에게 시간을 효율적으로 활용할 수 있는 좋은 방법이라서 소개해보고자 한다.

정말 바빠서 하루 15분밖에 낼 수 없는 사람이라면, 15분 동안 속독을 한다. 필요할 경우에는 건너뛰면서 읽는다. 15분간 속독법을 익히면 더 빨리 책을 읽을 수도 있다. 15분 속독법은 책을 읽는 것에만 머물지 않고 신문과 잡지 역시 15분 만에 읽어치우는 것이다. 또 기본적으로 15분 책을 읽었다면 다음 15분은 다른 활동을 하는 것이 좋다. 그러면 덜 지루하게 시간을 보낼 수 있다고 한다. 이는 한 시간에 한 권의 책을 읽는 데에도 활용할 수 있다.

30분 속독법은 30분간 한 권의 책을 읽는 독서법을 가리킨다. 독서의 목적을 지식 습득으로 한정할 때, 가장 효율적으로 책 속의 정보를 획득할 수 있는 속독법이다. 이 30분 속독법은 《부자나라 임금님의 성공 독서 전략》에서 언급되기도 했다. 이 책의 저자는 책을 우리가 숭배해야 할 고상한 것으로 보지 않고 필요한 정보와 지식을 보고하는 신하로 본다. 바쁜 임금이 지혜로운 신하들로부터 정확한 정보만 얻으면 된다는 합리적 원칙에 근거를 두고 있다. 이 임금님의 30분 속독법은 제1단계인 프리뷰preview와 2단계인 양면읽기로 책의 전체를 파악한다. 그리고 제3단계인 스키밍skimming으로 세부적인 사항들을 파악한다. 포인트는 전체 분량의 20~80퍼센트에 해당하는 정보를 간추리는 것이다. 정말 많은 지식을 습득해야 하는 사람들은 30분 속독법을 활용하면 좋을 것이다.

언제 읽을 것인가

사람마다 틈새 시간이 다 다르다. 한때 새벽형 인간의 바람이 심하게 불 때, 저녁형 인간과 올빼미형 인간도 있다며 반박하는 사람들이 있었다. 어떤 사람들에게는 새벽 시간이 좋지만 다른 사람들에게는 저녁이나 심야 시간이 더 적합하기 때문이다. 각자 자기에게 적합한 시간대를 이용하면 된다. 편의상 몇 가지 유형으로 구분해보자. 새벽형, 아침형, 주간형(오전, 오후), 저녁형, 심야형, 주말형이 있을 수 있다. 굳이 이렇게 대별해보는 것은 자신에게 맞는 시간을 찾아보라는 뜻이다.

새벽에 일어나는 사람은 새벽 시간을 이용해 틈새 독서를 하면 된다. 새벽에 한 시간 정도 시간을 낼 수 있다면 온전하게 독서에 활용하면 좋다. 아침형이고 가까운 곳에 직장이 있다면 출근 전 30분을 틈새 독서 시간으로 활용할 수 있다. 출퇴근하는데 전철이나 버스로 한 시간 정도 걸린다면 그 한 시간 동안 틈새 독서를 하면 된다. 자가용으로 출퇴근한다면 라디오를 듣는 대신 오디오북을 들으며 출근하면 멋지게 독서를 할 수 있다. 30분 정도 일찍 회사에 출근하는 사람이라면 30분 중 15분 정도를 독서시간으로 활용하면 된다. 자영업을 하는 사람이라면 오전에 업무를 마무리하고 식사를 하러 가기 전에 15~30분 시간을 내면 된다. 또 직장인이라면 점심식사를 빨리 마치고 15~30분 동안 책 읽기에 몰입할 수도 있다. 이렇듯 하루 중에서도 틈새 시간은 많다.

그 시간 중 적어도 15분 정도 마음 편하게 독서할 수 있는 시간을 내면 된다. 아이들 등교시키느라 아침시간에 바쁜 어머니라면 10시 이후나 아이들 하교 전에 한두 시간 정도 독서를 할 수 있을 것이다. 15분을 더 확보할 수 있다면 30분 독서가 가능하니까 좋다. 한 시간 동안 오롯하게 독서할 수 있는 틈새 시간을 만든다면 더 바랄 나위가 없을 것이다. 만일 5분씩밖에 시간이 나지 않는다고 해도 실망할 필요가 없다. 15분 속독법에서는 하루를 15분 단위로 쪼갰는데, 5분 단위로 쪼개서 활용할 수도 있다. 5분씩 3번만 내면 하루 15분이 된다. 정말 바쁜 사람이라도 하루 3번 식사 후 5분씩만 책을 읽어도 된다. 평일에 바빠서 시간을 낼 수 없다면 주말을 이용하자.

어디에서 읽을 것인가

틈새 시간을 내 독서를 할 수 있는 장소 또한 사람마다 다르다. 편의상 가정형(서재형, 거실형, 식탁형), 회사형(자기 자리, 회의실, 휴게실), 이동형(지하철, 버스, 자가용), 도서관(도서관, 독서실, 서재)으로 구분해볼 수 있다. 새벽형이나 저녁형이라면 가정에서 독서를 할 것이고, 직장에 다니는 회사원이나 임직원들은 회사형이다. 규칙적으로 독서를 해야 하므로 가급적 일정한 장소를 정해서 책을 읽는 것이 좋다. 주말밖에 시간이 없다면 도서관이나 독서실을 이용하여 조용하게 독서할 수도 있다.

나의 경우 화장실에서의 짧은 틈새 시간만을 이용해서도 37권의 책을 읽었다. 적은 시간이라도 꾸준히 독서하면 정말 많은 책을 읽을 수 있다. 누구에게도 방해받지 않고 나만의 시간을 즐길 수 있다. 조금 시끄럽기는 하지만 출퇴근 시에는 전철의 구석진 문틈에 기대어 책을 읽는다. 이제는 익숙해져서 전철 내 소리나 전철이 움직일 때 나는 소음도 전혀 거슬리지 않는다. 출퇴근 두 시간은 내게 주어진 아주 행복한 독서 시간이다. 하고자만 하면 우리는 틈새 시간을 얼마든지 활용할 수 있다. 적어도 한 시간은 쉽게 낼 수 있을 것이다. 독서의 필요성을 느끼기만 한다면 말이다. 자신에게 알맞은 장소를 선택하자.

미래의 문명인이란 읽을 수 없는 사람이 아니라
배우는 방법을 알지 못하는 사람일 것이다.
— 앨빈 토플러

직장인을 위한 틈새 독서 기술

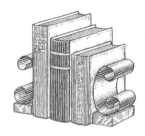

"영원히 잘나갈 줄 알았다."고 최근에 만난 한 선배가 한탄하듯 고백을 했다. 오랫동안 대기업에 근무하다가 몇 년 전에 부장으로 퇴직하고 나서 무역업을 시작했지만 생각처럼 잘 되지 않아서 얼마 전에 새로운 일을 시작하셨단다. 적지 않은 연세에 새로운 일을 하자니 쉽지 않은 모양이다. 늦었지만 간절한 마음으로 최선을 다하겠다고 하신다. 그 아름다운 모습에 힘찬 격려의 박수를 보내고 싶었다.

어찌 보면 참으로 가슴 아픈 이야기다. 누구나 언젠가는 반드시 걸어갈 숙명적인 길이라고 여기고 미리 준비하는 지혜를 발휘해야만 한다. 곧 닥칠 미래의 일이라고 생각하고 철저하게 대처해나가야만 한다.

사람은 미래를 예측하지 못하는 존재이다. 곁에서 보면 뻔하게 보이는 일도 스스로는 한 치 앞을 내다보지 못한다. 왜 그럴까.《프레임》이라는 책에 의하면 사람은 늘 현재의 관점에서 미래를 내다본다고 한다. 지금의 팔팔하고 젊은 몸과 마음의 상태로 미래를 바라본다는 것이다. 능력도 충분하고 무엇이든 할 수 있다는 자신감이 있는 상태의 관점에서 생각하는 것이다. 먼 미래에도 얼마든지 남들과 경쟁해서 뒤지지 않을 자신이 있을 거라고 막연하게 예측한다. 주어진 시간 동안 경쟁자들이 얼마만한 노력을 들여 능력과 실력을 갖출지도 모르는 채 자기 미래를 자신하는 것이다. 이런 오류는 누구나 범할 수 있다. 이런 사실을 알면 현재를 그저 안이하게 보내지 않고 무엇인가를 준비하게 될 것이다. 아는 게 힘이 된다. 제대로 미래를 예측하고 미리 준비한다면 직장생활에서 남들에게 밀려나지도 않고, 인생이라는 마라톤 경주에서도 실패하지 않고 성공적으로 완주할 수 있다.

취업은 오랜 배움의 시간을 끝내고 주체적인 인생을 살아가는 출발선에 선 것이다. 학업을 마쳤다고 기뻐할 일이 아니라 이제야말로 진정한 배움의 시대가 왔다고 마음을 다잡아야만 한다. 회사에 취직을 하면서 수동적인 주입식 공부의 시대가 끝나고 능동적이고 주체적인 배움의 시대가 시작된 것이다. 직장생활의 미래를 예측해보고 미리 준비하고 대책을 세워나가는 지혜가 필요하다.

첫출발의 기쁨도 잠시, 직장생활을 시작하면 회사를 위해 몸과 마음을 바쳐 열심히 일해야만 한다. 그러다가 능력이 사라지고 실력 떨어지면 쫓겨나거나 밀려나고 만다. 극소수의 사람들만이 끝까지 살아남는다. 다소간의 차이는 있을지 몰라도 직장생활을 시작한 이상 자의든 타의든 언젠가는 물러나야만 하는 것이 숙명이다. 요즘엔 점점 더 직장생활이 짧아지고 있다. 오륙도, 사오정, 삼팔선과 같은 유행어가 이러한 시대상을 잘 드러내준다. 이런 뼈아픈 상황은 직장인들에게 어떻게 직장생활을 해야만 하는지 깊이 생각해보기를 요구한다.

직장생활을 어떻게 하느냐에 따라 인생이 좌우된다. 막 직장생활을 시작한 사람이라면 앞으로 어떻게 직장생활을 해야 할 것인지 확실한 계획을 세워야 한다. 언제 어떻게 회사에서 내쫓길지 모른다는 생각을 갖고 자기계발에 힘을 쏟아 실력을 키우고 능력을 배양해야만 한다. 직장 내 현재 위치가 어떤지 상관없이 다시금 신입사원처럼 진지하게 직장생활을 반성해보아야만 한다. 그래야 타의에 의해서 쫓겨나지 않고 진퇴를 스스로 결정할 수 있을 것이다.

어떻게 하면 직장생활에서 성공할 수 있을까. 그것은 바로 배움이다. 학교 공부를 마쳤다고 공부를 끝낼 것이 아니라 직장생활의 시작을 인생 대학에 입학한 것으로 생각하고 평생 공부를 시작해야만 한다. 공부를 어떻게 해야 하는가. 그것은 바로 독서를 하는 것이다. 배움을 멈추는 순간 직장생활이 끝나는 것이라고 처절하게 생각하고 독서를 지속해야만 한다. 첫출발이 중요하다. 독서하는 습관을 들여서 원하는 모든 것을 이뤄나가야만 한다. 일을 배우는 직장생활을 하면서 독서하는 것은 쉬운 일이 아니다. 남다른 각오를 하지 않으면 안 된다. 출근 시간에 쫓기지 말고 시간을 적극적으로 공략하라고 주문하고 싶다.

직장생활 로드맵을 그리고, 공부계획을 세우자

인생에서 성공하려면 인생계획을 세워야 한다. 직장생활에서 성공하려면 직장생활을 어떻게 하겠다는 로드맵을 그려보아야만 한다. 언제까지 직장생활을 하고, 어느 위치까지 승진을 하고 싶은지, 과연 어떻게 그 자리에 올라갈 것인지를 생각해보아야만 한다. 그리고 퇴직한다면 제2의 직업은 무엇으로 할 것이고, 은퇴는 언제 할 것인지 대략적인 그림을 그려보아야 한다. 직장생활 계획에 따라 무슨 공부를 어떻게 해야 할지가 결정될 것이다. 명확한 그림을 그릴수록 구체적이고 체계적인 공부계획을 세울 수 있다. 직장생활의 로드맵은 전체 인생계획의 매우 중요한 부분이다. 인생계획에 따라 직장생활 로드맵을 지속적으로 수정·보완해나가야 한다.

만약 임원이나 최고 경영진까지 올라가는 것이 직장생활 로드맵이라면 단순히 자신의 업무에 관한 지식만을 배워서는 안 된다. 처음 발령받은 곳이 재경부라고 해도 영업·생산·경영기획 등 다양한 업무를 배워야 하며 회사경영·리더십·경제 일반 상식 등에 관한 공부도 게을리 하면 안 된다. 어떤 길을 걸을 것인가에 따라 공부할 분야가 다양하고 많아진다. 이런 모든 것을 배워야 한다면 어느 날 갑자기 시작해서 금방 마칠 수는 없다. 시간과 노력이 필요하기 때문에 미리 준비하고 실천해야만 한다. 직장생활을 하는 한 늘 로르맵을 그려보는 습관을 들여야만 한다.

직장생활 초기부터 성공 습관을 들이자

책만 읽는다고 자연적으로 직장생활에서, 인생에서 성공하는 것은 아니다. 책을 통해서 성공원리를 배우고 마음을 계발하는 법을 배워야 한다. 독서 습관을 비롯한 성공 습관을 들여야만 직장생활에서 성공할 수 있다.

직장생활은 사회생활의 첫출발이다. 지금 내딛는 한걸음 한걸음이 미래를 위한 초석이 된다. 처음부터 좋은 습관을 들이는 것이 좋다. 세계 최고의 투자가인 워렌 버핏은 대학생들을 위한 대화의 시간에 진정한 투자는 자신에게 투자하는 것이라고 했다. 그러면서 좋은 습관을 들이라고 강조했다. 성공하는 직장인의 습관은 무엇일까.

첫째, 자신에게 투자하는 습관을 들이자. 주식 투자를 잘하여 부자가 되는 것이 아니라, 자신의 몸값을 올릴 수 있도록 배움에 투자하는 것이다. 현재의 자신을 가꾸는 데 투자하는 것은 지출일 뿐이다. 더 나은 자신을 위한 투자야말로 진정한 투자이다. 자신에게 최대한 가장 많이 투자하자. 그것이 최고의 투자이다.

둘째, 일찍 일어나는 습관을 들이자. 너무 진부한 이야기지만 시간 관리에서 성공하고 인생에서도 성공하려면 역시 새벽형 인간이 되는 것이 좋다. 사람에 따라 생활 패턴이 다르긴 하지만 하루라는 시간의 흐름에 맞춰 활동하는 것이 가장 자연스럽다. 일찍 일어나는 습관을 들인다면 무엇이든 더 일찍, 많이 할 수 있다.

셋째, 독서 습관을 들이자. 리더Reader라고 했다. 하루라도 빨리 책 읽는 습관을 들여 지속적인 배움의 길을 걷도록 하자. 사람은 자신이 읽는 책에 의해서 만들어진다고 했다. 다양하게 많이 읽을수록 더 훌륭한 사람이 되는 것이다. 성공한 인물이 다른 많은 사람들을 이끄는 것은 그만큼 포용력이 큰 사람이 되었기 때문이다.

넷째, 시간 관리를 잘하는 습관을 들이자. 누구에게나 하루

24시간밖에 주어지지 않는다. 효율적인 시간 관리를 하면 직장 생활을 잘할 수 있고 여가시간을 많이 만들어낼 수 있으며 그 시간을 다양한 배움에 투자할 수 있다. 틈새 시간을 잘 관리하면 틈새 독서 시간으로 활용할 수 있고 다른 활동을 위해서도 쓸 수 있다. 시간 관리를 잘하고 싶으면《시간을 지배한 사나이》라는 책을 읽어보면 많은 도움이 될 것이다.

다섯째, 인맥에 투자하는 습관을 들이자. 사회생활에서의 성공은 결국 인맥에 의해서 결정된다. 유능한 사람들을 많이 깊이 알면 성공의 최고 자산이 된다. 좋은 인간관계를 위해서 시간과 노력을 들여야 한다.

여섯째, 저축하는 습관을 들이자. 어떤 사람들은 적당히 벌어서 적당히 쓰면서 살면 된다고 안이하게 생각한다. 하지만 곳간에서 인심 난다는 속담이 있지 않은가. 만약의 경우를 대비해서라도 경제적 문제만은 해결해두어야 한다. 은퇴할 나이에 생활비를 벌기 위해서 아등바등 일해야 한다면 노년의 삶이 행복할 리가 없다. 한가하게 책을 읽으며 지낼 수도 없다.

일곱째, 절약하는 습관을 들이자. 어떤 상황에서는 소비가 미덕이라는 허튼 소리가 설득력이 있는 것 같지만, 그것은 한 개인에게는 해당되지 않는 말이다. 절약하는 습관을 들이지 않으면 절대 저축을 할 수 없다. 소비하는 습관을 들이면 수입이 많더라도 지출이 많아져 저축을 할 수 없다. 젊어서 투자한 돈이 많이 불어나기 마련이다. 차를 사는 대신에 지하철을 이용하자. 절약하는 습관과 저축과 독서라는 두마리 토끼를 잡게 된다.

중장기 독서계획을 세우자

인생계획에 따라 직장생활 로드맵을 그리고, 공부계획을 세웠다면 이제 독서계획을 세워야만 한다. 실무 처리, 직접적인 활동이나 봉사활동을 제외하면 기초가 되는 모든 공부는 책을 통해서 할 수 있다. 입사 후 3년, 5년 혹은 10년의 독서계획을 세우자. 배움의 시기로 삼고 다른 즐거움은 유보하겠다고 결심하는 것이다. 대학교 때까지 학교 공부를 하느라 힘들었겠지만 또다시 허리띠를 졸라매자.

초기 투자가 전체 인생의 질을 결정한다고 생각하고 독서 습관을 들이고 많은 책을 읽어나가는 것이다. 하루 15분씩만 투자를 해도 1년이면 12권, 10년이면 120권의 책을 읽을 수 있다. 한 분야에 10권씩의 책을 읽는다면 10년이면 12개 분야를 마스터할 수 있다. 5년 내에 공부를 마치고 싶다면 하루 독서시간을 30분으로 늘리면 된다. 만약 한 분야에 10권의 책으로 부족하다 싶어 20권의 책을 읽어야 한다면 하루에 한 시간은 책을 읽어야만 한다.

구체적으로 어떤 분야의 책들을 읽어야 할까. 직장생활을 어디까지 할 계획인가에 따라 달라지겠지만 일반적인 기준에서 생각해보자. 3~5년 틈새 독서로 100여 권 정도를 읽는 것은 어떨까. 한 분야에 10권씩, 10개 분야의 책을 섭렵하면 웬만한 책들은 다 읽어 상당한 지식을 쌓게 될 것이다.

성공철학에 관한 책을 읽자

어떤 사람들은 실용적이고 지시적인 책들을 별로 좋아하지 않는다. 그래서 자기계발서를 기피하는 경향이 있다. 하지만 그것은 크게 잘못 생각하는 것이다. 성공철학은 성공의 원리를 가르쳐준다. 이는 누구에게나 필요한 기초지식이다. 자신의 생각을 내려놓고 학생이 되어 배우는 것이 필요하다. 성공철학의 고전이랄 수 있는 《놓치고 싶지 않은 나의 꿈 나의 인생》을 비롯하여 수많은 책들이 있다. 이런 책 중에서 10권만 읽어도 성공원리를 제대로 배울 수 있다.

독서의 기술에 관한 책을 읽자

누구나 오랫동안 책을 읽으면서 시행착오를 거치는데, 독서의 기술을 알려주는 책을 읽으면 시간 낭비하지 않고 지름길로 걸어갈 수 있다. 책 잘 읽는 방법을 배운다면 효율적이고 효과적인 독서가 가능할 것이다. 예를 들면《생산적 책읽기 50》,《책 읽는 책》,《2주에 1권 책읽기》,《생각을 넓혀주는 독서법》,《부자 나라 임금님의 성공 독서 전략》,《헤르만 헤세의 독서의 기술》과 같은 책들이다. 책 읽는 즐거운 경험을 느껴보고 싶다면《탐서주의자의 책》,《어느 게으름뱅이의 책읽기》,《서재 결혼시키기》,《채링크로스 84번지》,《전작주의자의 꿈》같은 책도 독서의 지평을 열어줄 것이다. 이들이 책 읽기를 위한 나침반 역할을 해줄 것이다.

자기 직무에서 최고의 전문가가 되자

아는 게 힘이라고 했다. 제대로 배우지 않고는 정통할 수가 없다. 독수리 타법이 아무리 빨라도 열 손가락을 다 이용하는 정공 타법을 이기지 못하는 법이다. 자기 분야의 책들을 섭렵했다면 인접 분야까지 확대해나가자. 회계가 전공이면 경리·재무까지 나아가라. 만약에 임원이 되는 꿈을 꾸었다면 인사·총무·노무까지 공부하자. 더 나아가 영업·마케팅·기획·생산까지 두루 꿰차면 좋다. 넓고 깊게 공부할수록 숨은 지식까지 통찰할 수 있는 힘이 생긴다. 지식의 힘이 배가된다.

좋은 인간관계를 만들어가자

상사는 물론 부하직원도 잘 다루어야만 한다. 이는 직장생활에서 가장 어려운 부분이다. 자신의 의지와 노력만으로 안 되는 것이 인간관계가 아닌가. 인간관계에 대한 공부를 하자. 심리학 책도 읽고 성격에 대한 책도 읽자. 부하를 잘 이끌려면 리더십에 관한 책도 필수다. 그뿐인가, 교양이 있고 지혜로운 사람이 되어야 하지 않을까.

재테크 공부를 하자

경제력만 있다면 자신을 지킬 수 있다. 갑자기 회사에서 쫓겨나더라도 재기할 수 있으려면 생활비 걱정을 하지 말아야 한다. 사업을 하더라도 밑천이 있어야만 한다. 가능하면 많이 저축하자. 쓸데없는 허영심을 버리고 실속 있게 살아야 한다. 그렇다고 부동산 투기를 하거나 주식투자에 올인하라는 것은 결코 아니다. 만약을 대비하기 위해 덜 쓰고 남은 돈은 안전하게 잘 불려가야만 한다.

재테크 공부가 잘 되어야만 보다 공격적인 투자를 할 수 있다. 특히 주식투자는 철저하게 공부를 하고 시작해야 한다. 어설프게 투자했다간 큰 코를 다친다. 어느 인터넷 사이트에서 주식투자를 하려면 적어도 70권의 책은 읽어야 한다는 글을 본 적이 있다. 이것은 그만큼 주식투자가 어렵다는 말이다. 돈을 잘 불려나갈 수 있는 지혜를 배워야만 한다. 결코 소홀히 하지 말자. 부, 재테크, 투자에 관한 책을 적어도 10권은 읽어보자. 공부하지 않고 투자하는 것은 섶을 지고 불 속으로 뛰어드는 것과 같다. 명심 또 명심하자.

평생 동안 할 취미를 만들자

독서를 취미로 삼는 것은 기본이다. 이에 더하여 한두 가지 취미 활동을 더 하자. 한우물을 파라고 했다. 취미 활동도 전문가 수준이 될 때까지 지속하자. 이것저것 하다가는 죽도 밥도 안 된다. 무엇이든 오래하다 보면 재미도 없고 질려버린다. 그래서 다른 취미를 배우게 되는데, 그렇게 하다 보면 투자만 하고 결과를 뽑지 못한다. 취미가 은퇴 후의 직업이 되거나 소일거리가 될 수도 있다. 사진, 여행, 등산 등 무엇이든 전문가가 될 때까지 지속하자. 취미 생활을 할 때도 책을 읽으면서 공부를 하자. 그냥 무턱대고 시작해서는 안 된다.

한번 책을 읽으면 집중적으로 읽는 것이 좋다. 물론 지루할 경우에는 일주일씩 분야를 바꿔가면서 읽어도 좋다. 자신만의 장기 독서계획을 세워보자. 1년 계획을 세워서 실행해나가면 좋다.

점차 독서량을 늘리자

독서 습관이 들었다면 점차 독서량을 늘려가야만 한다. 반복하는 이야기지만 15분 틈새 독서는 시작에 지나지 않는다. 15분에서 30분, 45분 그리고 한 시간까지 늘려나가야만 한다. 최소한 하루에 한 시간씩 독서할 것을 주문하고 싶다. 30~50살까지 20년간 직장생활을 한다면 1,000여 권을 읽을 수 있다. 이 정도 책을 읽는다면 직장에서는 물론 인생에서도 성공할 수 있을 것이다. 인생에서 성공하기 위해서는 부모 역할도 다하고, 인생 2막을 위해 더 많은 분야의 책들을 읽어야만 한다. 육아, 자녀 교육, 인생설계, 노후의 삶, 건강, 사랑, 부, 행복 등 공부할 분야가 무척 많다. 고전이나 소설, 시, 에세이도 읽자면 시간이 부족하다. 그래서 점차 독서량을 늘려나가지 않으면 안 된다.

우선 15분 틈새 독서로 독서 습관을 들이자. 15분은 인생의 1퍼센트에 지나지 않는다. 이토록 적은 시간, 반드시 투자하여 독서 습관을 기르자.

그 다음 30분 틈새 독서로 나아가자. 15분씩 읽을 수 있다면 이제 15분만 더 시간을 내자. 가능하면 30분 정도는 한 번에 몰입해서 읽는 게 좋다. 오전 15분, 오후 15분씩밖에 틈새 시간을 낼 수 없다면 할 수 없지만 말이다. 쉬다 보면 잠깐이라도 시간을 놓칠 수가 있다. 30분 독서를 하면 한 달에 2권, 1년이면 24권을 읽을 수 있다. 결국 2주에 1권씩을 읽게 된다. 일주일에 1권의 책을 읽기 위한 준비과정이 되는 셈이다.

30분 독서가 좋은 것은 다른 독서법을 활용할 수 있다는 점이다. 정독이라는 고정관념을 탈피하면 우리는 보다 효율적인 독서법을 배울 수 있다. 30분 만에 1권의 책을 읽을 수 있는 것이다. 하루 30분씩 시간을 낸다면 1년이면 365권의 책을 읽을 수 있다. 1년에 365권이라니 경이적인 독서량이 아닌가. 사실 바쁜 현대인이 독서를 위한 시간으로 한 시간 혹은 그 이상을 내는 것은 쉽지 않다. 30분이라면 부담이 훨씬 덜할 것이다. 이렇게 바쁜 현대인을 위해서는 30분 속독법이 제격이다. 30분 틈새 독서는 전략적인 속독법을 통하여 비약적인 발전을 할 수 있다. 정말 많은 책을 읽어야만 하는 직종에 일하는 사람들이라면 30분 만에 1권의 책을 읽을 수 있는 능력을 배워보자.

일주일에 1권의 책을 읽자

하루에 한 시간씩 독서를 하면 일주일에 약 1권의 책을 읽을 수 있다. 이 정도라면 가히 다독가라고 할 수 있다. 굳이 속독법을 익히지 않아도 얼마든지 많은 책을 읽을 수 있다. 일주일 단위로 책을 읽으면 마감하기도 좋다. 월요일부터 금요일 혹은 토요일까지 읽고, 토요일이나 일요일에 독후감이나 서평을 써서 책 한 권을 깨끗하게 정리할 수 있다.

1년에 100권의 책을 읽자

자연스럽게 독서능력이 향상된다. 책 읽는 속도가 붙으면 같은 시간에도 더 많은 책을 읽을 수 있다. 그러는 사이 호기심도 많아지고 욕심도 생길 것이다. 속독을 배울 필요를 느끼게 된다. 자연적인 흐름이다. 1년에 100권씩이라면 좋은 목표가 된다. 10년이면 1,000권의 책을 읽을 수 있으니까 딱 떨어지는 숫자가 아닌가. 한 회사의 경영자나 전문적으로 연구하는 사람이라면 많은 책을 읽어야 세상의 변화를 따라잡고 미래를 예측할 수 있다. 리더나 책과 관련된 직업이라면 더 많은 책을 읽어야 할 것이다. 이럴 때는 15분 시간 관리법과 30분 속독법이 매우 유용할 것이다.

1년 독서계획을 세우자

독서 습관이 들고 30분 이상 책을 읽을 수 있는 사람이라면, 연초에 공부할 분야를 정하고 어떤 책들을 읽어야 할지 생각해보자. 그리고 매달 무슨 책을 읽을지 상세하게 계획을 세우자.

계획에 따라 책을 미리 사두면 좋다. 할인가에 싸게 살 수도 있고 헌책방에 다니면서 미리 사둘 수도 있다. 실용서만 읽으면 무미건조해지니까 가끔 소설책도 읽고 시집도 좀 읽자.

시간 관리를 잘하자

직장생활에서 성공하기 위해서는 틈새 시간 모두를 독서하는 데에만 할애할 수가 없다. 어학 학원에도 다녀야 하고, 사람들을 만나서 좋은 관계도 유지해야 하고, 사교를 위해서 골프도 배우려면 시간이 절대적으로 부족할 것이다. 결혼하여 아이들을 낳아 키우다 보면 아내와 아이들을 위해서도 시간을 내야만 한다. 게다가 주기적으로 양가를 방문해야만 한다. 정말 틈새 시간을 잘 활용해야만 하고 시간 관리 기술을 배우지 않으면 안 된다. 이런 시간 부족을 극복하기 위해서는 비상대책이 요구된다.

철저하게 시간 관리를 하자

TV 보는 시간, 신문 읽는 시간, 친구 만나는 시간, 인터넷 하는 시간 등등 시간을 어떻게 보내고 있는지 조사해보아야 한다. 이런 데 들어가는 시간이 지나치다 싶으면 조절을 해야만 한다. 이런 시간을 줄이고 독서 시간과 유익한 활동을 하는 시간을 늘려나가자.

15분 단위로 쪼개서 시간을 사용하자

《퇴근 후 3시간》이라는 자기계발 책에서는 15분 단위로 시간을 쪼개서 사용할 것을 권하고 있다. 성공적인 직장생활을 위해서 자기계발을 해야 한다면, 퇴근 후 3시간을 만들어서 15분 단위로 시간을 나누어 써야 한다는 것이다. 책 읽는 데도 15분, 잡지를 읽는 데도 15분, 무슨 일을 하던지 15분을 단위 시간으로 사용하라는 것이다. 단행본을 읽는 데는 15분 4단위를 사용하면 된다는 식이다. 고백하건데 나는 책을 읽는 것 말고는 아직 15분씩 쪼개서 활용한 적은 없다. 하지만 시간을 효과적으로 사용할 수 있는 좋은 아이디어인 것만은 분명하기에 소개하고 싶은 것이다. 15분 속독법의 개발도 가능하리라고 본다. 속독을 통하여 15분 만에 얇은 책 한 권을 읽을 수 있지 않을까.

30분 속독법을 배우자

앞에서도 말했듯이 30분 만에 책 1권을 읽는 것이 목적이다. 바쁜 사람들을 위해서는 30분 속독법이야말로 좋은 대안이 아닐까 싶다. 아직 직접 실천해보지 않았지만 과연 가능한지 확인해보고 싶은 호기심이 생긴다. 실용서를 읽을 때는 이 30분 속독법을 이용하는 것인 훨씬 효율적일 것이다. 능력을 갖춘다는 것은 여유가 있고 행복한 일이다.

재테크 계획을 세워 저축을 하자

인생은 육십부터라고 했다. 열심히 직장생활을 한 후 은퇴해서는 여생을 행복하게 살아야 한다. 이것은 모든 사람들이 누려야 할 권리이다. 하지만 은퇴한다고 모두가 경제적으로 자유로운 것은 아니다. 미국의 경우이긴 하지만 65세 이상 인구 중 경제적으로 자유로운 사람은 5퍼센트밖에 되지 않는다고 한다. 경제적으로 자유롭지는 못하더라도 최소한 돈 걱정을 하지 않으면서 살려면 일정한 돈을 모아두어야만 한다. 다른 것과 달리 돈은 한번에 모을 수는 없다.

직장에서 최고의 자리까지 오르지 못하고 중견사원으로 은퇴를 하더라도 실패한 인생이라고 할 수는 없다. 자신이 원하는 삶을 사는 것이야말로 진정한 성공이다. 비록 사회적으로 경제적으로 성공하지 못하더라도 만족하는 삶을 살 수 있다면 성공한 인생이다. 독서의 즐거움을 맛보면서 조금은 게으른 삶을 살아도 뭐라고 할 사람은 없다. 하지만 경제적 준비가 되어 있지가 않아서 책을 읽기는커녕 먹고살 돈을 벌기 위해 노심초사해야 한다면 결코 행복한 인생이라고 할 수 없다. 직장생활에 성공했다고 해도 인생에서 실패한다면 성공한 인생이라고 할 수 없다. 길고 긴 인생을 예측할 줄 알아야 한다. 그리고 필요하다면 직장생활을 하는 동안 준비를 해야만 한다.

노년을 준비하자

평균수명이 80세 가까운 이즈음에는 고려할 것이 아주 많다. 건강, 생활비, 의료비, 자식과의 관계 등 미리 준비할 것이 많다. 상상 속의 미래는 곧 현실로 다가온다. 명심하자. 머나먼 미래가 어느새 현실이 되어 삶을 옥죌 수 있다. 철저하게 노년에 대한 준비를 해야만 한다.

재테크 계획을 소홀히 하면 재기할 수 없다

사실 경제적인 문제만 해결된다면 일찍 은퇴할 수도 있다. 직장생활이라는 것이 생활비를 벌기 위해 일하는 것이라면 넉넉하게 저축해놓으면 새로운 직장에서 많은 돈을 벌기 위해 지나치게 애를 쓰지 않아도 되는 것이다. 사업을 하기 위해서라도 가능하면 많은 돈을 저축해두어야만 한다. 섣부르게 투자했다가 원금을 날리는 우를 범해서는 안 된다.

벌 수 있을 때 모으자

더 많이 저축하면 무리하게 높은 수익을 추구하지 않아도 된다. 실패할 확률이 확실히 줄어드는 것이다. 또 한 살이라도 젊을 때 더 많이 모아야 이자가 눈덩이처럼 불어난다. 돈 걱정하지 않고 일을 열심히 할 때 인정도 받고 승진도 빨라진다.

최고의 투자는 자신에게 하는 것이다

최고의 투자는 역시 자기 자신에게 하는 것이다. 독서를 통해 평생 배움에 투자를 지속하자.

직장생활에서의 성공은 독서로만 이룰 수가 없다. 하지만 독서를 통한 배움이 없이는 어떤 것에서도 성공할 수가 없다. 왜냐하면 성공의 원리를 배우지 않고는 성공할 수가 없기 때문이다. 독서를 통해서 직장생활에서도 성공하고 인생에서도 성공하자.

비즈니스맨을
위한 틈새
독서 기술

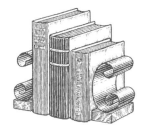

오늘날 회사에서 가장 중요한 역할을 하는 사람들은 바로 영업조직이다. 기업이 아무리 좋은 제품을 만들어도 소비자들에게 판매되지 않으면 소용이 없다. 비즈니스맨들이 바로 그 역할을 담당하고 있다. 일찍이 자본주의가 발달하고 시장경제가 활짝 꽃피어난 미국에서는 세일즈맨들이 최고의 대접을 받아왔다. 회사가 사느냐 죽느냐는 바로 영업력에 달려 있음을 잘 알기 때문이다. 하지만 국내에서는 아직도 영업하는 사람들을 천시하는 경향이 있다. 그렇기 때문에 일반 다른 직장인들과 달리 영업 쪽에서 일하는 사람들은 강한 정신력이 필요하다.

비즈니스맨들이야말로 시간을
철저히 관리하면서 틈틈이 공부해야 한다

요즘에는 영업의 개념이 넓어져서 모든 직종에서 일하는 사람들이 다 영업적 활동을 한다고 본다. 어떻게든 상대를 설득해서 자신의 주장이나 요구를 관철시켜야 하기 때문에 영업을 단순히 상품을 파는 행위로만 한정하지 않는다. 학교에 가지 않으려는 아이를 설득해야 하는 엄마도, 회사에서 다른 부서 사람들의 협조를 얻어내는 일도 모두 상대를 설득해야 하기 때문이다. 영업을 하는 사람들은 사람을 설득하여 판매를 성사시켜서 소득을 창출하기 때문에 프로 비즈니스맨이라고 할 수 있는 것이다. 순수하게 영업활동에 종사하는 세일즈맨들의 생리를 알아보자.

일반적으로 영업은 기업을 상대하는 영업과 일반 소비자를 대상으로 하는 영업으로 나눌 수 있다. 둘 다 같은 영업이지만 영업 행태와 관행이 많이 다르다. 기업을 상대하는 쪽이 더 복잡하고 어려울 수 있다. 여러 부서가 관련되고 시간이 오래 걸린다. 여기에서는 개인 소비자를 대상으로 하는 전문 영업조직에 대해서 알아보자.

자동차, 보험, 화장품, 부동산, 전자 제품, 콘도나 골프 회원권, 각종 건강식품 등 수많은 상품과 서비스를 판매하는 비즈니스맨들이 있다. 이들은 제품이나 영업 기술에 관한 지식뿐만 아니라 매일 여러 부류의 사람들을 상대해야 하기 때문에 인간관계 등에 관한 지식을 끊임없이 습득해야만 한다. 영업의 개

넘은 단순한 세일즈맨에서 문제 해결사, 상담사, 코치, 동반자 개념까지 다양한 개념으로 진화해왔다. 이러한 변화는 세일즈맨에게 새로운 태도와 지식을 요구한다. 매일 매일의 영업활동을 하는 한편 관련된 여러 가지 지식을 습득해야 하기 때문에 늘 시간에 쫓긴다고 해도 과언이 아니다. 비즈니스맨들이야말로 시간을 철저하게 관리하면서 틈틈이 공부를 하지 않으면 안 된다.

어쩌면 가장 터프하고 힘든 직장인들이 바로 세일즈를 하는 사람들이 아닐까. 자신과의 싸움은 물론 고객들과의 싸움도 병행해야만 하는 힘든 일이기 때문이다. 세일즈 성사에 기뻐하고 실패에 좌절하는 세일즈맨의 삶에는 애환이 가득하다. 끊임없이 자기와 싸움을 해야 하고 마음을 다스려야만 한다. 세일즈 세계에서 살아남기 위해서는 끊임없는 자기계발을 하지 않으면 안 된다. 자기 자신을 이기는 사람이 가장 강하다고 했다. 철저한 자기 관리와 시간 관리로 뛰어난 판매 능력을 길러야만 한다.

세일즈 성공을 위해 독서를 하자

최고의 세일즈맨은 독서로 자신을 끊임없이 계발했다. 비즈니스맨들은 시사 상식에서부터 전문 지식에 이르기까지 다양한 지식을 습득해야 한다. 그래야 여러 계층의 사람들을 상대해서 대화를 잘 이끌어갈 수 있다. 또 전문가들은 깊은 지식을 갖고 있기 때문에 그들을 상대해서 세일즈를 성공시키려면 그들의 전문분야에 대한 지식도 어느 정도 갖춰야만 한다. 이에 더하여 세일즈맨은 강한 성공 마인드를 갖고 있지 않으면 안 된다. 성공철학을 공부해야만 한다.

시간 관리를 철저히 하자

모든 직장인이 다 바쁘겠지만 영업을 하는 사람 특히 바쁘다. 시간이 부족하다. 공부도 많이 해야 한다. 주어진 24시간을 효율적으로 이용해야만 한다. 틈새 시간을 잘 이용해서 독서를 하고, 세미나나 강의 등에도 참석하고, 각종 사적인 모임에도 참석해야 한다. 철저한 시간 관리가 필요하다. 시간 관리를 잘하면 할수록 더 많은 성과를 낼 수 있을 것이다.

인맥을 넓혀가자

세상의 모든 일이 다 사람과의 관계를 통해서 이뤄지지만 세일즈맨에게 인맥은 가장 큰 자산이다. 인맥을 만들고 관리하기 위해서는 시간과 노력이 들어간다. 인맥관리 프로그램을 통해 체계적으로 관리해나가자. 인맥은 하루아침에 형성되지 않기 때문에 꾸준하게 노력을 기울여야 한다.

다양한 분야에 대해 지속적으로 공부하자

세일즈맨은 인간관계 기술에 능해야만 한다. 상담·코치·동반자 등의 역할까지 요구되는 시점이니, 그에 따른 지식과 지혜를 쌓아야만 한다. 인간관계에 관한 다양한 공부를 해야 한다. 또한 세일즈맨으로서의 마음가짐과 태도에 대한 정신적인 지식을 함양해야만 한다. 물론 상품에 대한 지속적인 지식과 마케팅에 대한 전문지식도 쌓아 나가야 한다. 인맥을 넓히려면 다양한 분야에 대한 지식 획득도 병행해야만 한다. 한마디로 세일즈맨은 만능이어야 한다. 정말 눈코 뜰 새 없이 틈나는 대로 공부를 해야만 한다.

새벽형 인간이 되자

다른 어떤 사람들보다 공부를 많이 해야 하기 때문에 시간을 많이 만들어야 한다. 잠을 줄이고 새벽에 일찍 일어나는 습관을 들이자. 3~4시간만 자도 충분히 살 수 있다고 한다. 직장 가까운 곳에 살면 남들보다 1시간은 더 일찍 출근할 수 있다. 회사에 일찍 출근해서 30분~1시간 정도 독서를 하고 활동준비를 마치면, 일찍부터 하루를 시작할 수 있다. 할 수만 있다면 새벽형 인간이 되자.

틈틈이 독서를 하자

영원사원들은 외부로 활동을 많이 나가는데 독서 습관이 들었다면 더할 나위 없이 좋다. 만일 지하철과 같은 대중교통을 이용한다면 이동시간을 독서시간으로 활용할 수 있다. 아무리 먼 곳엘 가도 시간을 낭비하지 않을 수 있다. 언제나 가방에 책 한 권을 넣어 갖고 다니면서 이동시간에 책을 읽자. 정신적인 도움이 되는 책을 읽는다면 기분을 좋게 만들 수 있을 것이다. 독서 습관이 들지 않았다면, 책을 한번 읽어보자. 한 권 두 권 책을 읽다 보면 이동시간을 무료하지 않게 보낼 수 있어 좋고, 지식을 쌓을 수 있어 좋다.

수많은 사람들이 영업세계에 발을 내딛지만 살아남는 사람들이 많지 않다. 그만큼 정신적인 스트레스가 심하기 때문이다. 잘나가던 사람들도 하루아침에 나가떨어진다. 정신무장이 안 되어 있기 때문이다. 끊임없이 공부를 해야 하는데 공부를 하지 않아서 뒤처지기 때문이다. 늘 날카로운 정신으로 마음의 칼을 갈고 자신 자신을 담금질을 해야만 어떤 상황에서도 좌절하거나 실망하지 않을 수 있다. 어떤 이들은 영업을 자기 수련의 과

정으로 여기기도 한다. 그래서 끊임없이 정신무장을 한다. 영업에는 왕도가 없다. 오로지 실력을 키우고 자신의 마음을 다스릴 수 있어야 한다. 그러기 위해서는 공부를 하고 독서를 해야만 한다.

친구의 선택처럼 책의 선택은 심각한 의무이다.
우리는 우리가 무엇을 하느냐 만큼이나
우리가 무엇을 읽느냐에 책임을 갖는다.

-존 루복

학생을 위한 틈새 독서 기술

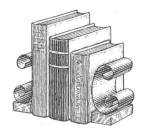

워렌 버핏과 세계 1위의 부자 자리를 놓고 다투는 빌 게이츠가 하는 얘기는 너무나 의미심장하다. 그는 하버드 졸업장보다 독서 습관이 더 중요하다고 했다. 그가 하버드대학을 중퇴하지 않고 대학 공부를 계속했다면 아마 오늘날의 마이크로 소프트도 없을 것이고, 세계적으로 존경받는 사업가 빌 게이츠란 인물도 없었을지 모른다. 독서의 중요성을 이보다 더 잘 대변해주는 말도, 인물도 없을 것이다.

그런데 우리나라 학생들은 얼마나 책을 읽을까? 빌 게이츠는 세계 최고의 대학교 학생이 되는 것보다 독서를 잘하는 것이 더 중요하다고 했는데, 우리나라 대학생들은 얼마나 책을 읽으며 공부를 하고 있을까. 우리나라 대학생들은 본격적으로 공부해야 할 시기인 대학교 때 제대로 공부하지 않는다. 좋은 대학교만 졸업하면 미래가 보장되는 아주 후진적인 사회 시스템의 크나큰 병폐이다. 이런 대학 교육제도를 근본적으로 개혁하지 않으면 안 된다. 아니 교육 정책 전반에 대한 대수술과 개혁이 없인 교육의 질적 발전이란 없다.

초등학교 때부터 학교공부가 대학 입학을 위한 수단으로 전락한지 오래다. 어려선 마음껏 뛰어 놀며 육체적으로 한껏 성장할 수 있어야 하고 청소년 때는 개성과 창의력을 최대한 발휘할 수 있도록 전인적인 교육이 이뤄져야 하는데 아이들을 일찍부터 획일화시키고 규격화시키고 있다. 한마디로 아이들을 사육시키고 있다. 지적 능력만 뛰어나면 우수한 성적을 받을 수 있는 단순한 시험으로 전체 순위를 매겨 학생들을 평가하고 있다. 참으로 어이없는 일이다. 이것이 대한민국 최고의 대학이 세계에서 100위권 밖에 머물고 있는 근본적인 원인이다.

딸아이가 어렸을 때 이야기 하나를 지어 들려주었다. 남들이 하는 대로 따라 하다가는 남들처럼밖에 되지 않는다는 것을 깨우쳐 주고 싶어서 들려주었던 '낭떠러지' 이야기다.

"어느 늦은 봄날 한 어린 꼬마 아이가 창문 밖을 내다보고 있었습니다. 창가의 화단에 있는 아름다운 꽃에 예쁜 나비가 날아와 앉았습니다. 어찌나 예쁜지 손을 뻗어 만져 보고 싶었습니다. 하지만 어린 꼬마의 손이 닿지 않았습니다. 나비는 아이의 기척 소리에 놀라 꽃을 떠나 조금씩 멀리 날아갔습니다. 나비가 너무 예뻐서 잡아보려고 아이는 집을 나와서 나비를 쫓아갔습니다. 손에 잡힐 듯 했지만 나비는 손끝에서 날아가곤 했지요. 꼬마 아이가 나비를 쫓아가는 것을 보고, 다른 꼬마 아이가 친구와 놀려고 밖으로 나와 쫓아갔습니다. 그 아이들을 보고 동네 아이들이 전부 뛰어나와 친구들을 쫓아갔습니다. 맨 처음 나비를 잡으려고 했던 꼬마 아이 외에는 모두들 영문을 모른 채 들판으로 뛰어갔습니다. 그저 다른 아이들이 뛰어가니까 쫓아가기 시작했던 것입니다. 마침내 나비는 낭떠러지 너머로 날아갔지요. 그런데 나비를 뒤쫓아 가던 아이들 모두 낭떠러지로 떨어지고 말았답니다. 뒤에서 달려오는 아이들의 힘에 밀려 하나 둘 낭떠러지 밑으로 떨어져 죽고 말았습니다. 아이들이 떨어져 죽은 지 얼마 지나지 않아 아이들이 떨어져 죽은 자리에 예쁜 꽃들이 많이 자라났답니다."

소중한 자식인 딸아이에게 남들이 하는 대로 무조건 따라 하는 것의 위험성을 알려주고 싶었다. 그런데 2년 전에 이와 유사한 이야기가 실려 있는《레밍 딜레마》란 책을 읽었다. 레밍 쥐들이 해마다 축제기간에 낭떠러지로 떨어져 죽는다는 우화에 관한 책이다. 오늘날 대부분의 우리들은 스스로 주체적으로 생각할 힘이 없기 때문에 남들이 하는 대로 '따라 하는' 삶을 살아가고 있다. 무엇이 옳고 그른지 판단할 힘이 없기 때문이다. 왜 이런 일들이 일어나고 있을까. 그것은 바로 우리가 아이들을 교육하지 않고 사육하고 있기 때문이다. 좋은 대학 나와서 잘 먹고 잘살아야 한다고 남들이 하니까 그저 따라 하고 있다. 왜 그렇게 되는 것인지 한 번도 의심해보지 않고 말이다. 왜 이런 일들이 일어날까. 그것은 바로 책을 읽고 스스로 생각할 수 있는 힘을 기르지 않았기 때문이다. 어떤 현자의 이야기를 빌려 본다.

대부분의 사람들은 그럭저럭 지낸다. 그들은 군중처럼 행동하고, 군중처럼 생각하고, 똑 같은 것들을 반복한다. 그들은 이것이 안전한 길이라고 느낀다. 문제는 군중이 모두 잘못이라는 점이다. 전통적으로 군중은 어디로 가고 있는지 모르기 때문에, 결국 어디에도 도착하지 못한다. 만일 당신이 어떤 이의 발자취를 따르기를 원한다면 그것은 훌륭한 생각이다. 그렇다면 그 어떤 이가 따를 만한 가치가 있는 자인지 확인하라. 당신의 이웃에 있는 친구들은 그들이 어디로 가고 있는지 모르고 있을 수도 있다(얼 나이팅게일,《진정 그대가 원하는 게 있다면》).

정말 가슴 뜨끔한 일이 아닐 수 없다. 스스로 생각할 줄 모르기에 남들은 어떻게 하는가 곁눈질해서 알아보고 따라 하는데 그들이 어디로 가고 있는지 모른다고 하니 얼마나 위험한 일인가. 맹인이 맹인을 인도하는 격이다. 모두 낭떠러지에 떨어져 죽을 수밖에 없는 것이다. 이제 우리는 배웠다, 어떻게 하는 것이 옳은 길을 걷는 것인지를. 군중들이 하는 것과 반대로 하면 되는 것이다. 남들이 좋은 대학 가야만 행복하게 살 수 있다고 하는데 그 길을 따라 가지 않으면 되는 것이다. 그럼 어떻게 살아야 할까.

모두가 어려서부터 좋은 대학을 가기 위해 열심히 공부하는 현 교육 시스템 속에서 초등학생, 혹은 중고등학교 학생들에게 정직하게 조언을 해보았자 도움이 안 될 것이다. 부모들이 반대를 할 것이기 때문에 말이다. 초등학생들에게는 좀 마음껏 뛰어 놀라고 하고, 중고생들에게 책을 많이 읽어 인격을 갖추고 품성을 기르라고 조언을 하면 그런 충고를 받아들일 부모가 얼마나 될까. 하지만 이제 스스로 생각할 수 있는 나이가 된 대학생들에게 어떻게 살아야 하는지, 틈새 독서를 어떻게 해야만 하는지 조언을 한다면 알아들을 수 있을 것이다. 나 역시 대학교 때, 공부다운 공부를 제대로 하지 못해 후회가 된다. 다시 학창 시절로 돌아간다면 이렇게 공부하고 싶다.

대학생을 위한 틈새 독서 기술

분명한 것은 말 그대로 대학교에서는 큰 공부를 해야 하는 시기이다. 인생에 대한 큰 그림을 그려보면서 공부다운 공부를 해야 한다. 평생 동안 하고 싶은 일을 찾는 탐색의 기간이어야 한다. 비록 시험 성적에 맞춰 학과를 선택했다고 해도 자신의 적성을 탐색해보아야 한다. 어떤 일에 흥미를 느끼고, 무엇을 잘할 수 있는지, 소질이 있는 분야는 어느 쪽인지 예리하게 자신을 관찰해보아야만 한다. 그래서 가장 잘 할 수 있는 일을 찾아야 한다. 진정한 성공은 좋아하는 일에 미친 듯이 매달릴 때 자연스럽게 이룰 수 있는 것이다.

많이 배울수록 더욱더 성공한다

우리는 배움이야말로 진정한 성공에 이르는 길이라는 것을 잘 알고 있다. 하지만 배움에는 시간과 노력의 투자가 따른다. 처음에는 고통스럽기조차 하다. 하지만 꾸준하게 공부를 하다 보면 즐거움을 얻게 된다. 배움에 관한 좋은 글이 있어 옮겨 적어본다.

200년 전까지만 해도 소수의 특권층에게만 배울 권리가 있었다. 그러나 지금은 누구에게나 배움의 길이 열려 있다. 각종 학습 도구를 이용할 수 있고, 세미나를 찾아갈 수 있으며, 인터넷을 이용해 짧은 시간에 지구 저편에 있는 무제한적인 지식을 접할 수 있다. 많은 돈이 필요한 것도 아니다. 공공도서관에서는 우리에게 엄청난 양의 책을 빌려준다. 이처럼 '구멍을 뚫기만 하면' 되는 이런 어마어마한 지식의 샘을 바탕으로 누구나 성공의 열쇠를 손에 쥘 수 있다.

이미 이야기한대로 누구에게나 배울 수 있는 기회가 있다. 그러나 그 길은 스스로 걸어가야 한다. 누구나 내일은 지금과는 다른 무언가가 될 수 있다. 미국 대통령을 역임했던 인물 중 상당수가 평범한 중산층 가정에서 태어나고 자랐다. 또 독일 연방총리로 일한 헬무트 콜과 케르하르트 슈뢰더도 평범한 환경에서 성장했다. 로널드 레이건과 빌 클린턴 미국 전 대통령은 알코올 중독자인 아버지로부터 학대당하는 불우한 어린 시절을 보냈다. 으레 최고의 환경에서 최고 교육을 받았으리라고 여겨지는 유명한 정치인들도 알고 보면 그렇지 못한 경우도 많다. 그러나 이들은 자기 자신에 대한 믿음이 있었고, 자신들이 바라는 성공을 달성하기 위해 필요한 모든 것을 직접 습득했다.

새로운 지식을 받아들이는 한편, 반복을 통해 지식의 깊이를 한층 더함으로써 스스로의 가치를 높일 수 있음을 잊지 마라.

배운다는 것은 단순히 성공을 위해 지불해야 하는 대가가 아니다. 무언가를 배운다는 것은 그 과정에서 무엇과도 비교할 수 없는 즐거움을 준다. 또한 이렇게 얻어진 즐거움은 우리의 삶에 더욱 큰 행복과 만족을 준다. 독일에서 실시한 연구에 따르면, 인간은 책을 읽을 때에 특히 만족을 느끼는 반면에 흔히 즐거울 것이라고 예상되는 텔레비전 시청에서 느껴지는 만족도는 이에 훨씬 못 미친다고 한다.

통계적으로, 일반적인 사람의 평균 수명을 65세라고 본다면, 그 중 10년을 텔레비전 앞에서 지낸다고 한다. 또 약 27년 동안 일에서 실패를 겪고, 21년 정도만 충분한 돈과 안락한 잠자리를 가질 수 있다고 한다. 더욱 큰 문제는 실패를 겪고, 텔레비전 앞에서 시간을 보내느라 이제 다른 일을 할 수 있는 시간은 7년밖에 남지 않는다는 사실이다.

인생의 성공과 실패는 배우느냐 배우지 않느냐에 달려 있다고 해도 과언이 아니다. 우리가 읽을 수 있는 능력이 있다면 책을 통해서 배움을 지속할 수가 있다. 이제 독서 여부에 따라 성공과 실패가 좌우된다는 것을 알았으니 무슨 핑계를 대어서라도 책을 읽겠다고 결심을 해야만 한다.

평생 공부를 지향하자

성공하기 위해서라도 배움의 길을 걸어야 한다는 것을 알았다. 그런데 많은 사람들이 학교를 졸업하면서 그나마 하던 공부를 끝낸다. 겨우 기초적인 지식을 얻었을 뿐인데 모든 공부를 마친 것처럼 직장을 잡아 사회생활을 시작하면 책에서 멀어진다. 결코 그런 어리석음을 범해서는 안 된다. 학교 때부터 일찍 평생 공부를 해야겠다고 마음을 먹어야 한다. 진정한 인생 공부는 학교 공부를 마친 이후 평생 해야만 하는 것이다. 성공한 사람들이 늘 책을 가까이 하며 공부를 지속하는 것도 다 이유가 있는 것이다. 사실은 성공한 사람들은 나이가 먹을수록 더 많은 책을 본다. 적어도 인격을 완성할 때까지는 공부해야겠다고 다짐을 하자. 그래야 어떤 경우라도 흔들리지 않고 공부를 게을리 하지 않을 것이다.

직장에 나가듯 정시에 학교에 등교하자

대학 생활은 사회생활이나 다름없다. 부모 곁을 떠나서 스스로 모든 것을 결정하고 책임을 지는 것이다. 아직 부모님으로부터 경제적인 지원을 받더라도 생활만은 자주적으로 해야만 한다. 완전한 독립을 연습하는 시기이기도 하다. 대학 생활은 수업시간을 정하는 것부터 자유롭다. 그런 만큼 마음가짐이나 행동거지가 흐트러지기 쉽다. 그것을 미연에 방지하기 위해서라도 어른들이 규칙적으로 출근을 하듯, 정해진 시간에 등교를 하고 정해진 시간에 하교를 해야만 한다. 9시에 첫 수업이 시작된다면 매일 9시까지 등교하는 습관을 들여야만 한다. 강의 시간 사이에 비는 틈새 시간마다 도서관을 찾거나 조용한 곳에서 독서를 해야만 한다. 이처럼 규칙적으로 생활하는 것이 삶을 가치 있게 보내는 길이다. 동아리 활동을 하더라도 자신의 미래 계획에 맞춰서 하는 게 좋다. 가능하다면 어떤 인생을 살지에 대해서도 공부하듯 고민을 해보아야 한다. 그러면 더욱 알차게 학창시절을 보낼 수 있을 것이다.

독서계획을 세우자

대학 4년 동안 몇 권의 책을 읽겠다고 독서 목표를 정하자. 예를 들면 1년에 100권의 책을 읽어 총 400여 권의 책을 읽는다는 목표를 세우는 것이다. 물론 정규 과목의 수업을 위한 부교재로 읽는 책을 빼고 말이다. 아마 이런 목표를 세운다면 절대로 틈새 시간을 낭비하지는 않을 것이다. 술을 마시면서 흥청망청 학창시절을 보내지는 않을 것이다. 학과 공부를 하면서 1년에 100여 권씩을 읽자면 성실하게 공부해야 할 것이다. 어쩌면 이런 일은 쉽지 않을 것이다. 많은 유혹이 따를 것이다. 왜 내가 이 짓을 해야지 하는 생각이 들 수도 있고, '그래서 얼마나 더 성공하겠어?' 하는 의문이 들 수도 있다. 이럴 때는 성공해서 인생을 마음껏 즐기는 행복한 상상을 하면 된다.《꿈꾸는 다락방》이란 책에서 이야기하는 생생하게 꿈꾸면 이루어진다는 R=VD realization, vivid, dream 공식을 실천하는 것이다.

틈새 시간을 이용해 책을 읽자

강의 시간이 없는 빈 시간을 이용해 책을 읽자. 하루에 4~5시간 강의를 듣고 나면 나머지 3시간 정도는 빌 것이다. 그 시간을 그저 친구들과 잡담이나 하면서 보낼 것이 아니라 독서를 하는 습관을 들이자. 한 시간 독서를 제대로 하면 일주일에 1권의 책을 읽을 수 있다. 1년이면 50권, 4년이면 200권의 책을 읽을 수 있다. 만일 2시간 동안 읽는다면 1년이면 100권, 4년이면 400여 권의 책을 읽을 수 있다.

전공분야에 관한 책을 위주로 독서를 하되, 나중에 사회생활을 할 때 필요한 공부를 미리 해두는 것도 좋다. 성공철학 서적을 읽어두면 일찍부터 성공의 원리를 배울 수 있을 것이다.《놓치고 싶지 않은 나의 꿈 나의 인생》같은 책을 통해 인생을 아름답게 보내는 방법을 잘 배울 수 있을 것이다. 나무를 잘 자르기 위해서는 도끼날을 갈아주는 현명함이 필요하다.

학교 공부를 하면서 1년에 100권씩 읽는 것이 불가능하다고 생각되면 속독법을 배워라. 만일 학과 공부를 충실히 하느라 평일에 책을 읽을 수가 없다면 주말을 이용해 독서를 하자. 주말 내내 책을 읽기만 하더라도 많은 책을 읽을 수 있다. 학과 공부에만 매달리다 보면 지루할 수가 있다. 그 때 잠깐 잠깐 교양서적을 읽어주면서 마음을 환기시켜주는 것도 좋은 방법이다.

동아리 활동을 하자

자신의 부족한 부분을 배울 수 있는 동아리 활동을 해보자. 수줍음을 많이 타는 성격이라면 다른 학생들과 어울려 지낼 수 있도록 일부러 동아리에 가입해보자. 어떤 인생을 살 것인지 깊이 생각해보았다면 그 길을 갈 수 있는 준비 과정으로 동아리 모임에 참석하는 것이다. 기자가 되고 싶은 사람들은 학보사에, 방송국에 진출하고 싶은 사람들은 방송반에, 또 소설을 쓰고 싶은 사람은 문학 연구 동아리에 가입하는 것이다. 동아리에 가입하여 사람들을 만나 사귀면서, 심리학이나 인간관계에 대한 책을 읽어서 배운 것을 확인해볼 수 있을 것이다. 이렇게 책으로 배운 것을 실제 삶에서 적용해본다면 배움은 더욱 깊어질 것이다.

내가 다시 대학생이 된다면 학창시절을 정말 알차게 보낼 것이다. 학교를 졸업하고 사회생활을 하다 보면 따로 시간을 내어 공부를 한다는 게 쉽지 않다는 것을 깨닫게 된다. 그래서 더욱 마음껏 공부를 할 수 있었던 학생 때 공부를 게을리 한 것을 후회한다. 다시 기회가 온다면, 떠먹여주는 밥을 먹듯 기계적으로 학과 공부를 하는 것에 머물지 않고 스스로 독서계획을 세워 다양한 분야의 많은 책을 읽으며 적극적으로 공부할 것이다.

중고생을 위한 틈새 독서 기술

대학 입시의 노예가 된 우리나라의 고등학생들에게 무슨 조언을 할 수 있겠는가. 하지만 학교 공부를 열심히 하는 틈틈이 시간을 내서 책을 읽으라고 권하고 싶다. 공부를 하다가 지루하거나 지칠 때 30분 정도 짬을 내 책을 읽는다면 오히려 학교 공부에도 도움이 되지 않을까 싶다. 3년 동안 분발하면 약 100여 권의 책은 읽을 수 있지 않을까. 국어 공부에 도움이 되는 문학작품을 읽는다면 학교 공부에도 도움이 되고 독서 습관을 들이는데도 도움이 되지 않을까 싶다. 우리 아이들이 고등학교에 진학을 하더라도 일주일에 한 권씩을 책을 읽으라고 권할 것이다. 지금 중학생인 두 아이들 모두 일주일에 한 권씩 책을 읽고, 독후감을 쓰고 있다. 중학생이라고 해서 학생들 수준에 맞는 책만 읽지 않는다. 어른들이 읽는 책이라고 해도 좋은 책이면 자기들이 스스로 선택해서 읽고 있다.

초등학생을 위한 틈새 독서 기술

우리나라와 같은 특수한 교육 환경이 아니라면 아이들이 과외다 학원이다 해서 밖으로 내 몰리지는 않을 것이다. 가끔 어린 초등학생들이 공부 부담으로 자살을 했다는 뉴스를 들으면 화가 난다. 도대체 누구를 위한 공부인가 울분을 토하지 않을 수 없다. 부모 자신들조차도 자기 아이들을 외국으로 유학을 보내고 싶을 정도로 우리는 아이들을 공부로 혹사시키고 있다. 정말 웃지 못할 가슴 아픈 현실이다. 진정 누구를 위하여 아이들을 이토록 고생시키고 있는가 깊이 반성해보아야만 할 것이다.

두 아이들 다 초등학교를 마치고 중학교에 보낸 부모로서 나는 아이들에게 공부를 강요하지 않았다. 초등학교 저학년 때는 마음껏 뛰어놀게 했고, 고학년이 되어서부터 책을 읽게 했다. 좀 늦었지만 아이들은 꾸준하게 일주일에 한 권씩의 책을 읽는다. 누가 조언을 바란다면 나는 이와 같은 내 경험을 들려줄 것이다.

부모가 어떻게 살아야 하는지 모르기 때문에 아이들이 방황하고 있다. 그저 남들이 하는 대로 따라서 아이들을 공부벌레로 만들고 있다. 그저 잘 먹고 잘 사는 것이 인생의 목적이고 그러기 위해선 학교 공부를 잘해야 한다고 믿고 있다. 하지만 진정 행복하고 성공적인 삶은 그런 것에 있지 않다. 평생 배우면서 성장, 발전하여 진정 자신이 원하는 삶을 살 때 인간은 행복할 수 있다. 모르는 것을 하나 둘 더 배워나갈수록 우리는 그만큼 더 행복하게 살 수 있다. 책을 통해 배우지 않고 어떻게 배우겠는가.

내가 책들 좋아한다는 것을
잘 아는 친구들이 나에게 서재를 마련해주었다.
그 서재에 꽂힌 방대한 양의 책을
나는 가장 자랑스럽게 여기고 있다.

- 셰익스피어

지하철
틈새 독서
기술

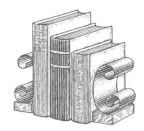

약 20년 전 사회에 첫발을 내디디며 전철을 타고 첫 출근을 하던 날 내 가방 속엔 책 한 권과 우산 하나가 들어 있었다. 전철로 출퇴근하는 시간에 꼭 책을 읽겠다는 야무진 각오를 하고 줄곧 출퇴근을 하면서 책을 읽었다. 어느 날 피곤해서일까 수원역에서 자리에 앉았는데 나도 그만 깜빡 졸고 말았다. 한겨울에 하루에 3~4시간밖에 자지 않고 일찍 출근할 때 히터가 나오는 따뜻한 자리에 앉아서 책을 읽다가 졸게 되면 뺨을 때리고 허벅지를 꼬집으며 졸음을 쫓아냈다. 그래도 졸음이 쏟아지려고 하면 자리를 박차고 일어나서 책을 읽었다. 서서 책을 읽는데도 깜빡 졸면서 다리가 휘청하는 경우도 있었다. 하지만 어떤 상황에도 굴하지 않고 책읽기를 계속해나갔다. 이렇게 해서 나는 지하철 독서의 달인이 되었다.

수원 성대역에서 직장인 서울 강남까지의 출퇴근 틈새 시간을 독서로 활용했다. 간혹 아는 사람을 만나더라도 용건만 간단하게 이야기하고 책읽기에 몰입했다. 조금 미안하기도 했지만 나만의 독서시간을 방해 받고 싶지 않았다. 2002년 8월부터는 책을 읽고 독후감을 쓰기로 했다. 그 뒤로 지금껏 지하철 출퇴근 시간에만 500권이 넘는 책을 읽었다. 어쩌면 졸거나 멍하니 흘려보냈을 틈새 시간을 알차게 이용했으니 얼마나 뿌듯한지 모르겠다.

책 읽는 삶의 즐거움을 재물과 비교할 수는 없다

독서의 즐거움을 모르는 사람들은 담배도 안 피고 술도 거의 마시지 않으니 무슨 재미로 사냐며 안타깝다는 듯 바라본다. 책 읽는 재미, 그 은근한 즐거움을 안다면 결코 그런 시선으로 보지 않을 것이다. 또 사람들이 어디 사냐고 물어 수원에 산다고 하면 측은하다는 듯 바라본다. 출퇴근 길 지하철에서 책을 읽다 보면 시간 가는 줄 모르고, 독서를 통해서 큰 정신적 풍요를 누리면서 살고 있다는 것을 안다면 그런 시선을 거둘 것이리라. 회사 독서광 인터뷰 시 서울 사무실 근처에 좋은 아파트를 한 채 선물해준다고 해도 거절하겠다고 한 내 말을 허언이라고 생각할지 모르겠지만 나는 정말 아무리 좋은 아파트를 준다고 해도 거절할 것이다. 책 읽는 삶의 즐거움을 어찌 재물에 비교할 것인가.

그저 멍하니 보내는 시간에 책을 벗 삼아 지내면 시간도 지루하지 않을 뿐만 아니라 책을 읽는 즐거움에 빠져 행복하게 살 수 있을 텐데……. 지하철에서 하릴없이 시간을 보내는 사람들을 보면 안타깝기 그지없다. 보다 못해 어깨띠를 하고 다니게 되었다. 이미 책을 읽는 사람들은 어떻게든 책을 읽으며 살 수 있을 것이다. 하지만 책을 전혀 읽지 않는 사람들은 평생 가도 책 한 권 읽지 않을 게 분명하다. 그런 그들에게 작은 자극이나마 주어 책을 읽게 한다면 얼마나 좋을까 싶어 용기를 내어 어깨띠를 하고 다니는 것이다. 할 수만 있다면 고래고래 소리라도 지르고 싶다. "제발, 우리 지하철 출퇴근 시간에 책을 읽자!"고 말이다.

지하철 틈새 시간을 이용하여 독서 습관을 들이자. 시끄러워서 책을 못 읽을 것 같지만 책 속으로 빠져들다 보면 주위의 소음은 결코 장애가 되지 않는다. 30분 이상 지하철로 출퇴근하는 사람이라면 결심만 하면 바로 독서 세계로 뛰어들 수 있다. 15분 독서 습관을 시작으로 독서 습관을 들여 성공 인생을 살자.

독서를 결심하자

내가 그랬던 것처럼 지하철 출퇴근 시간에 책을 읽겠다고 결심하자. 책을 읽으면 많은 지식을 쌓아 원하는 인생을 만들어나갈 수 있다. 직장이나 사업에서 더욱 크게 성공할 수 있다. 또한 책 읽는 즐거움을 누릴 수 있고 출퇴근 시간이 지루하지 않아 더욱 좋다.

자리에 앉아 졸지 말자 잠은 집에서만 자는 것이라고 생각을 고쳐먹자. 지하철에서 자는 모습은 보기도 흉하다. 심지어 코를 고는 사람도 있는데 좀 창피한 일인가. 잠이 부족하다는 핑계를 대지 말고 전철에서 책을 읽겠다고 결심하자. 잠은 3~4시간만 자도 충분하다고 한다. 잠이 부족하다는 '착각'에서 벗어나자. 잠은 최소한 7~8시간을 자야 한다는 이야기를 농담이라 생각하자. 우선 생각을 바꾸기 위해 《3시간 수면법》이라는 책을 읽어보자.

신문 보는 시간을 줄이자 퇴근하면서 틈새 시간에 무료 신문에 열중하는 사람들이 많다. 무료 신문은 공짜지만 시간이 돈이다. 나의 귀중한 시간을 남 좋은 일하는 데 사용하고 마는 것이다. 신문은 10분 정도만 대충 훑어보고 대신 책을 손에 잡자.

TV, 게임 등을 줄이자 전자제품, 핸드폰 등의 단말기가 너무나 발전하여 지하철에서도 TV를 시청하고 각종 게임도 즐길 수 있다. 큰 소리로 음악을 들을 수도 있다. 유혹에 넘어가기 참 쉽지만 유혹을 뿌리치고 독서를 하겠다고 단단히 결심하자.

　멍하니 시간을 보내지 말자　퇴근 시간을 허비하는 사람들도 많다. 시간은 부자나 빈자나 모두에게 공평한 것이다. 틈새 시간을 이용하여 독서를 하면 부자도 될 수 있고, 성공도 할 수 있다. 소중한 시간을 그냥 흘려보내지 말자. 손에 책을 잡자.

　자가용을 이용을 중단하자　출퇴근 시 가능하다면 잠시 자가용을 이용하지 말자. 교통비도 절약할 수 있고, 시간도 잘 활용할 수가 있다. 만일 자가용을 아예 팔아버린다면 많은 돈이 절약될 것이다. 기름값, 세금, 보험료 등을 절약하여 종자돈을 모아 큰 투자 밑천으로 삼을 수 있다. 출퇴근 시간을 독서로 활용하여 지식을 쌓고 실력을 배양한다면 그야말로 일거양득이다. 자가용을 이용할 경우에는 오디오북을 듣자. 성공에 관한 오디오 교재를 틀어놓으면 자가용 출퇴근 시간도 독서시간으로 활용할 수 있다.

늘 책을 갖고 다니자

　자식에게 공부하는 환경을 만들어주고자 이사를 세 번이나 했다는 맹모삼천지교를 떠올려 보자. 사람은 환경의 지배를 받는다. 어떤 환경을 제공하면 그 환경에 어울리는 행동을 하게 된다. 서당개 삼 년이면 풍월을 읊는다고 했다. 늘 책을 갖고 다니다 보면 언젠가는 책을 읽게 될 것이다. 가능하면 책가방을 하나 마련하자. 손가방도 좋고 메고 다니는 가방도 좋다. 가방에 관심 있는 분야의 책을 한두 권 넣어 가지고 다니자. 언젠가 가방 속으로 손이 들어갈 날이 있을 것이다. 꺼내서 읽기만 하면 된다.

우선 15분씩만 책을 읽자

출근 시간이 한 시간이라면 우선 15분만이라도 꾸준하게 책을 읽자. 재미가 붙고 흥미가 생기면 책 읽는 시간을 늘려나가면 된다. 15분씩 한 달만 책을 읽어도 한 권의 책을 읽을 수 있다. 사실인지 아닌지 확인해보자. 가장 관심이 있는 분야의 책을 읽기 시작하면 된다. 아이들에게 읽어줄 동화책도 좋다. 15분이 너무 짧다고 생각되면 30분을 읽자. 책 읽는 즐거움을 느끼게 되면 한 시간도 읽을 수 있다. 퇴근 시간에도 책을 읽는다면 하루에 두 시간은 너끈히 독서시간으로 만들 수 있다. 그냥 사라지고 말 시간을 책으로 붙잡아두는 것이다. 얼마나 유익하게 틈새 시간을 활용하는 것인가.

번갈아가면서 책을 읽자

한번 교양에 관한 책을 읽었다면 다음에는 취미에 관한 책을 읽자. 이번 주에 소설책을 읽었다면 다음 주에는 실용서적을 읽자. 이번에 전공에 관한 책을 읽었다면 다음번에는 일반교양에 관한 책을 읽자. 이렇게 번갈아가며 책을 읽는다면 지루한 책도 참고 읽어낼 수가 있다.

밑줄을 치며 읽자

자를 갖고 다니면서 밑줄을 쳐보자. 밑줄을 치다 보면 2~3번 읽는 효과가 난다. 한 페이지에 한 번씩 밑줄을 칠 수도 있고, 좋다고 생각되는 부분 모두 밑줄을 쳐도 좋다. 업무에 활용하거나 참고해야 할 부분은 포스트잇으로 표시를 해두거나 맨 뒤쪽 여백에 그 내용을 적어두어도 좋다. 참고할 때 쉽게 찾아볼 수 있다.

문가 구석진 자리를 확보하자

한쪽 문가에 자리를 잡으면 사람들과 부딪히지 않기 때문에 비교적 조용하게 책을 읽을 수가 있다. 구석에 기대어 책을 읽으면 밑줄 칠 때 좋다. 보호대 양편으로 가로 받침대가 있어 그 위에 책을 올려놓고 밑줄을 칠 수 있다. 또 구석에 기대어 서서 책을 읽으면 서 있어도 피로가 훨씬 덜하다.

독후감을 쓰자

처음에는 어렵더라도 짤막한 독후감을 써보자. 한권의 책 읽기를 마감한다는 의식으로 독후감을 쓰자. 그저 책을 읽고 난 생생한 느낌을 적으면 된다. 거기에 자신의 생각을 조금 덧붙이면 더 좋다. 책의 앞뒷면 여백에 쓰면 된다. 마음이 내키면 블로그에 옮겨 적어도 좋다. 점차 글 쓰는 실력이 늘어남에 따라 인터넷 서점의 블로그에 리뷰를 써 올릴 수 있고, 나중에는 폼 나게 서평도 쓸 수 있을 것이다. 시작이 중요하다. 단 몇 줄이라도 좋으니 독후감 쓰는 연습을 하자.

독서토론 모임에 가입하자

가능하면 독서토론 모임에 가입하자. 혼자서 하는 것보다 여럿이 어울려 하면 힘이 될 것이다. 토론을 하면서 깊이 있게 생각하는 힘을 기르게 될 것이다. 또 말하는 법을 배울 수 있을 것이다. 아울러 인맥을 쌓을 수도 있다. 일거삼득이 아닌가.

출근 시간을 앞당기자

출근 러시아워 시간에는 책 읽는 게 불가능하다. 전철 안이 콩나물시루 같아서 숨 쉬기도 곤란하다. 이런 상황에서는 책 읽기는커녕 몸도 제대로 가눌 수가 없다. 30분 정도 일찍 출근을 하자. 출근길에 시달리지 않아도 좋고, 하루를 상쾌한 기분으로 시작할 수 있다. 비로소 독서를 할 여유가 생긴다. 30분만 일찍 출근을 하면 전철에서도 책을 읽을 수가 있고, 회사에 30분 일찍 도착하는 만큼 사무실에서도 책을 읽을 수가 있다. 이렇게 몇 년만 독서를 한다면 어느덧 부쩍 성장한 자신의 모습을 발견하게 될 것이다.

일단 몇 년 동안 책을 읽어보자

직장생활 초기에 독서하는 습관을 들이자. 인생 대학을 다닌다는 생각으로 출퇴근 틈새 시간을 이용하여 몇 년 동안 책을 읽자. 3년도 좋고, 5년도 좋다. 또 대학교 다닌다는 생각으로 4년만 읽어도 좋다. 그러면 많은 것을 얻을 수 있다. 자신의 일과 관련된 전문 능력이 향상될 뿐만 아니라 교양이 풍부한 지성인이 될 수 있다. 또한 보다 체계적인 취미생활로 풍요로운 삶을 즐길 수 있을 것이다.

집중적으로 책을 읽자

한 분야에 적어도 10권 정도의 책을 읽자. 중요한 분야에 대해서는 15권 혹은 20권의 책을 읽자. 그 분야에 정통한 전문가가 될 수 있을 것이다. 지루함을 달래기 위해 교대로 책을 읽자.

두 분야를 선택해서 교대로 집중적으로 읽을 수도, 전공과 교양을 번갈아가면서 읽을 수도 있다.

다른 틈새 시간을 이용하자

출퇴근 틈새 시간을 이용하여 열심히 독서를 하다 보면 공부에 눈뜨게 되어 책 읽는 시간이 부족하다는 생각이 들 수도 있다. 그러면 집에서 잠자기 전에 또는 새벽에 일찍 일어나서 책을 더 읽어도 좋다. 화장실에 가는 시간에도, 사무실에서 점심시간 후 쉬는 시간에도 틈새 독서를 할 수 있다. 점점 더 많은 시간을 틈새 독서로 활용할 수 있을 것이다. 출퇴근 시간대를 중심으로 하여 다른 틈새 시간대로 확대해나가면 다양한 분야의 책을 읽을 수가 있어 여유 있는 독서가 가능하다. 지하철 틈새 독서로 시작하여 독서의 달인이 될 수 있다.

지하철 틈새 독서는 모든 틈새 독서의 기본이다. 지하철로 출퇴근하기만 하면 직장인, 부모, 학생, 노인, 미혼남녀, 세일즈맨 어떤 위치에 있든지 기본 독서 방법으로 활용할 수가 있다.

앞으로 10~20년 지하철에서 틈새독서를 계속해나가면 내 인생에 어떤 일이 일어날까 몹시 궁금하다. 아직 채 10년도 안 지났지만 500여 권이 훨씬 넘는 책을 읽었다. 만일 1,000권, 2,000권의 책을 더 읽는다면 나는 어떤 인간이 될까. 앞으로 속독법까지 익혀서 책을 더 빨리 읽는다면 어마어마하게 많은 책을 읽을 수 있을 것이다. 가히 독서의 대왕이 되어 있지 않을까.

책 읽는 사람에겐 미래가 있다. 독서를 통하여 자신이 원하는 인생을 만들 수 있기 때문이다. 우리 모두 틈새독서 기술을 익혀 아름다운 인생을 만들어나가자.

진정으로 위대한 책은
그것을 읽는 것만으로도 나에게
많은 것을 가르쳐준다.
– 헨리 데이비드 소로

책에게
길을
묻다

04

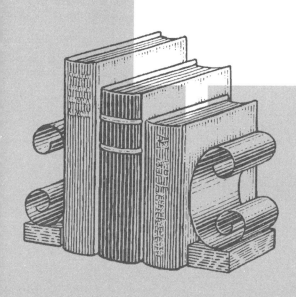

성공 인생을
위한
로드맵을
책에서 찾아라

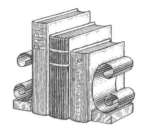

지금 우리는 성공 신드롬에 걸려 있다. 누구나 성공하기를 갈망한다. 하지만 아무도 그 성공이 무엇인지를 모른다. 정말 놀라운 일이 아닐 수 없다. 결국 자기가 원하던 성공이라는 것을 이루게 되더라도 뒤늦게 그게 자기가 찾던 진짜 성공이 아니라는 것을 깨닫고 낙망하고 만다. 누구나가 겪고 있으며 겪게 되는 허망한 성공의 종착역이다.

흔히들 성공하면 경제적인 성취나 사회적 명예의 성취를 생각한다. 누구나 부자가 되기를 원한다. 또 남들이 알아주는 높은 자리에 서기를 원한다. 그것을 위해 인생의 모든 것을 건다. 하지만 거기에 결코 만족이나 행복은 없다. 백발이 성성해서 때늦은 후회를 한다. 적어도 자기가 가는 길의 끝이 어떨지 알고 나 가면 후회를 하지는 않는다. 진정한 성공이 무엇인가를, 그리고 그러한 성공을 위해서는 어떻게 살아야 하는지 지금 가는 길을 멈춰 서서 고민해보아야 한다.

내 눈에는 대부분의 사람들이 성공한 것으로 보인다. 한평생 학생들을 가르치며 보람을 갖고 사는 선생님들이 얼마나 많은가. 또한 성실하게 공직자의 길을 걷는 사람들은 얼마나 많은가. 자기 위치에서 굳건히 자리를 지키는 엄마들은 또 얼마나 많은가. 놀라울 정도로 많은 사람들이 이미 성공했고, 성공을 위해 한발 한발 다가가고 있다. 그런데도 사람들은 자신의 성공을 성공이라 인식하지 못하고 있다. 왜냐하면 다른 사람과 자신을 비교하기 때문이다. 그것도 금전적인 기준 하나만 놓고 비교를 한다. 그리고는 패배감에 젖고 자기 비하에 빠진다. 왜 인생을 돈으로만 판단하는가. 인격을 판단하는 기준에는 얼마나 많은 요소가 있는가. 보람과 가치, 성실과 근면, 지성, 전문성, 만족도, 사회적 공헌, 봉사와 헌신, 천직 등 기준으로 세울 만한 덕목이 얼마나 많은가. 왜 돈으로 비교를 해서 평하고 스스로를 비참하게 만드는가. 아무리 물질만능의 시대라고 하지만 한참 잘못된 길을 걷고 있는 것이다. 깊이 반성해볼 일이다.

자기완성을 위해 끊임없이 마음을 계발하자

과연 어떻게 살아야 진정한 성공을 했다고 할 수 있는가. 가장 중요한 기준이 무엇일까. 나는 그것을 자기완성으로 꼽고 싶다. 자신의 능력을 최대한 발휘하며 기쁘게 사는 것이 가장 행복한 인생이 아닐까. 남들이 아닌 자신의 기준으로 세워놓은 목표를 이룬 사람이라면 모두 성공한 사람이 아닐까. 가령 평생 가르침의 길을 걷겠다고 결심한 교사라면, 어떠한 주위의 편견에도 불구하고 그 길을 꿋꿋하게 걷는다면 진정 성공한 것이 아닐까. 그 길을 걸으며 더 나은 자신을 만들기 위해 부단히 노력한다면 그것이야말로 진정한 성공이 아닐까.

자기완성은 끊임없는 마음 계발을 요구한다. 그러려면 절제, 인내, 인격 함양, 내적 성숙 등등 필요한 덕목이 너무나 많다. 쓸데없는 욕심을 버릴 줄 알아야 한다. 남을 위해 봉사하고 헌신하는 마음을 계발하지 않으면 안 된다. 오랜 기간 정신적 단련을 해야만 한다. 그러기 위해서는 끊임없이 배워야 한다. 폭넓은 경험을 하고 독서를 하고 사색을 해야 한다. 이러한 배움의 삶은 인내와 노력을 요구한다. 그러니 결코 쉽지 않은 여정이다. 진정 성공하는 사람들이 많지 않은 이유다.

산에 높이 오를수록 더 멀리 보이는 법이다. 지식이 쌓이고 지혜가 깊어질수록 사물이 저절로 명료해진다. 진리가 스스로 모습을 드러낸다. 그런데 어떻게 쓸데없는 것에 고개를 돌리고 과욕과 탐욕에 눈이 멀겠는가. 이미 세상의 많은 것들이 성인, 현자, 깨달은 사람들의 책을 통해서 명명백백하게 밝혀졌다. 우리는 그런 책들을 찾아서 읽기만 하면 된다. 또 과학과 기술의 발전으로 전문적인 지식이 한층 깊어졌다. 얼마든지 독서를 통해 쉽게 그런 전문 지식을 얻을 수 있다. 그런데 왜 책을 통해서 공부를 하지 않을까. 자, 위대한 성공을 이루는 길을 걸어가 보자.

성공 인생을 계획하자

인생의 목적을 생각하자 첫출발이 중요하다. 모르면 배워서라도 인생의 목적을 생각해보자. 사춘기적 고민을 보다 진지하게 해보자. 어떤 나이에 있든 늦은 법이란 없다. 나이란 숫자에 불과하니까 인간답게 사는 길이 무엇인지 생각해보자. 가르침의 길이든, 경제적 풍요를 누리는 길이든, 건강한 삶이든 왜 그 길을 가야 하는지 생각해보자. 인생의 목적이 우리를 끝까지 든 든하게 지켜줄 것이다.

큰 꿈을 꾸고, 목표를 세우자 그렇지만 소박한 꿈도 가치 있고 아름답다. 꿈만 꾸면 이룰 수 있다. 꿈에 시기와 양적 개념을 도입하면 목표가 된다. 목표는 꿈에 날개를 달아주는 것이다. 목표를 세우자. 목표가 없는 인생은 목적지가 없이 출항한 배와 같다. 가 닿을 곳이 없는 배는 좌초하거나 침몰하기 마련이다. 인생의 큰 목표를 잘게 나눠서 이뤄나가다 보면 아무리 큰 목표라도 이룰 수 있다.

진정한 성공을 꿈꾸자 한결같이 건강하게 살자. 참 부자로 살자. 늘 배우며 살자. 이 모든 것을 조화롭게 이룰 때 참으로 행복하다 할 것이다. 건강하지 못한 사람이 성공할 수 없다. 자신과 가족을 위해 충분한 돈을 벌어 저축하자. 더 많이 벌었다면 사회를 위해 나눠 쓰자. 배우지 않으면 나눌 마음을 계발할 수 없다.

배움을 지속하자

내일 죽을 것처럼 살며 평생 살 것처럼 배우자. 사람답게 살려면 배워야만 한다. 배울 것은 너무나도 많다.

인생철학을 배우자 정신은 어떻게 계발하느냐에 따라 짐승의 수준에 머무르거나 위대한 성인의 수준에 이를 수도 있다. 참으로 위대한 인간정신을 지향해야만 한다. 사람답게 사는 것에 관해서 배워야 한다. 인간으로 태어나 인간 노릇을 하지 못하고 살면 안 된다.

마음공부를 하자 마음을 다스리지 못하면 큰 병에 걸린다. 그래서 만병의 근원을 마음이라고 한 것이다. 마음도 공부를 해야만 잘 다스릴 수 있다. 거저 마음을 다스릴 수 있는 방법은 없다. 수행을 하거나 수련을 해야만 한다. 명상이 또한 좋은 방법이다.

독서를 하자 그것도 몇 푼의 돈이면 쉽게 얻을 수 있다. 인류 역사상 수많은 성인, 현자, 지식인들의 경험을 손쉽게 배울 수 있다. 책을 읽지 않으면 정체하고 뒤떨어지고 결국 쓸쓸히 사라지게 된다. 그렇기 때문에 나이를 떠나서 책을 읽지 않는 사람은 죽은 사람이다. 숨만 쉰다고 살아 있는 것이 아니다. 책을 가까이 하자. 그러면 얼마든지 책과 같은 사람이 될 수 있다.

멘토를 만나자 멘토, 라이프 코치, 정신적 후원자, 전문가를 만나서 배우자. 오늘날 스승을 찾기가 몹시 어렵다. 그렇다면 친구처럼 언제나 나의 성공을 바라고 응원하고 격려해주는 멘토를 만들자. 마음의 문을 활짝 열고 멘토에게 배우자. 책을 통해서 배우거나 경험을 통해서 깨닫는 것보다 멘토에게 배우는 것이 훨씬 쉽고 빠르다. 다양한 분야에 멘토를 둘 수 있다. 내가 배우려고만 한다면 말이다.

다양한 경험을 쌓자 안일에 젖어 있거나 두려움에 떨지 말고 기회가 되면 직접 경험을 통해 배우자. 실패는 성공의 어머니이다. 실패를 두려워 말고 무슨 일이든 도전을 하자. 나이가 먹었다고 움츠리지 말고, 수영을 배우고 시를 배우자. 여러 부류의 사람들과 만나자. 젊은이들을 만나서 열정과 개성을 배우자. 나이 많은 아저씨들과 할아버지들을 만나서 그들의 경험과 지혜를 배우자.

삶에 대해서 계속 배우자 인생에서 배워야 할 것들은 너무나 많다. 결혼, 육아, 교육, 건강, 부, 사랑, 인간, 인간관계, 세계, 문화와 역사 등. 많이 배우면 배울수록 더 지혜로워지고 삶에 대해 긍정적으로 생각하게 된다. 배워서 남 주냐라는 말은 헛말이 아니다. 자기 자신뿐만 아니라 주위 사람들의 삶이 풍요로워진다. 살아 있는 한 배우기를 주저하지 말자. 직접 경험을 통해 배우기 어렵다면 스승이나 전문가에게 배우고, 책을 통해서 배우자.

경제적 풍요를 꿈꾸자

분명 돈이 인생의 전부는 아니다. 하지만 돈이 풍족하면 더 행복할 수도 있다. 경제적으로 쪼들리면 마음이 부자유스러워진다. 꼭 해야만 하는 것도 하지 못하는 불편을 겪게 된다. 또 베풀면 행복하다는 것을 알면서도 나누거나 베풀 수가 없다. 그러므로 성실하게 노력하고 실력을 쌓아서 더 많은 돈을 벌어라. 잘만 활용하면 돈은 정신적인 풍요까지 안겨줄 수 있다. 그러기 위해 일찍부터 부자가 되는 습관을 들이자.

많이 벌자 잘할 수 있는 일을 찾자. 그곳에서 최고가 되기 위해 노력하자. 그러면 돈은 저절로 벌릴 것이다. 절대 돈을 목적으로 일하지 말자. 누구나 하고 싶은 일을 하면서 살 수는 없다. 그 때는 즐겁게 일하는 법을 배우자. 몰입의 기술을 배우면 된다. 단순한 일이라도 즐겁게 일할 수 있다고 가르쳐준다. 다양한 분야에 관심을 갖자. 언제 변신할 때가 올지 모른다. 미리 준비를 해야 기회가 왔을 때 잡을 수 있다. 취미생활을 하자. 행복해질 수 있다. 금방 그만두지 말고 전문가 수준이 될 때까지 깊이 있게 파고들자.

많이 저축하자 아무리 많이 벌어도 다 써버린다면 아무 소용이 없다. 쓰는 것에서 즐거움을 찾지 말고 모으는 것에서 기쁨을 느끼자. 언제까지 벌 수 있는 것이 아니다. 벌 수 있을 때 최대한 많이 저축하는 지혜를 발휘하자.

투자를 잘하자 하지만 명심하라. 투자는 쉽지 않다. 열심히 공부를 하자. 그리고 확실하다 싶을 때 투자를 하자. 자신이 없으면 그냥 저축만 하자. 그게 가장 좋은 투자이다. 저축에 만족할 수 없고 열심히 투자 공부할 여건도 아니라면 전문가들의 조언을 받자. 가능하면 철학이 있는 머니 멘토를 찾자. 어떻게 하면 당신의 돈을 잘 지켜줄 것을 고민하는 진정한 투자 조언자에게 '투자를 하자.'

돈에 관한 철학을 배워라 돈의 속성이 무엇인지, 돈으로 무엇을 할 수 있는 것인지 깊이 생각해보자. 돈 자체가 목적이 아니다. 돈이 중요하기는 하지만 돈은 하고 싶은 것을 할 수 있게 하는 수단에 불과하다. 남들처럼 10억, 20억 모으겠다는 환상에서 벗어나자. 하루에 만 원만 갖고도 충분하게 살 수 있는 능력이 있는 사람에게는 한 달에 30만 원이 필요할 뿐이다. 하루에 100만 원씩이나 써야 하는 사람은 한 달에 거금 3,000만 원이 필요하다. 결국 돈은 얼마나 지혜롭게 쓸 수 있는가 하는 능력에 따라 필요한 액수가 정해지는 것이다. 돈을 많이 버는 능력이 없다면 돈을 적게 써도 살 수 있는 능력을 기르자. 지혜는 언제나 사람을 살리는 법이다.

만약을 대비하자 인생은 그 누구도 모른다. 만약이라는 사태에 대비하자. 만약 내일 죽는다면 오늘 무엇을 하겠는가. 만약이라는 가정에 답할 수 있는 사람은 참으로 행복하다. 만약 내일 죽는다면 아내를 어떻게 사랑하겠는가. 만약 내일 다니던 직장을 그만둔다면 어떻게 되겠는가. 만약 건강을 잃는다면 인생은 어찌 되겠는가. 만약 평생 책을 읽지 않으면 나의 삶은 어떻게 될까. '만약에'를 생각해볼 수 있는 사람은 참으로 지혜로운 사람이다.

세상에 공헌하라

인생을 자신만을 위해서 사용한다면 무엇을 잘했다고 할 수 있을까. 아무리 자신에게 성공적인 인생이라고 해도 타인은 그것을 인정해주지 않는다. 그러므로 자신을 위해서 성공했다면, 이제 눈을 돌려 세상을 바라보라. 세상이 우리의 사랑을 기다리고 있다. 세상에 공헌하라. 그러면 세상은 당신의 이름을 영원히 기억해줄 것이다.

진정한 행복을 누리자 타인을 위해 자신의 능력을 마음껏 베풀자. 타인에게 사회에 그리고 세상에 봉사하라. 베푸는 삶이야말로 진정 행복한 삶이다. 우리는 배우지 못했기 때문에 그런 행복을 누릴 줄 모른다. 의도적으로라도 봉사활동에 참여해보자. 뿌듯함과 기쁨을 느끼게 될 것이다.

세상에 공헌하자 배우고 공부하여 자기 철학을 만들어 나가자. 남들의 모범이 될 수 있다면 후배를 가르치자. 다른 사람들의 멘토가 되자. 가르치면서 더 많이 배울 수 있을 것이다. 더 좋은 세상을 만들기 위해 노력하자. 세상은 우리가 함께 사는 곳이며, 우리의 사랑스런 자녀들이 함께 행복하게 살아야 할 영원한 터전이다.

사랑을 배우자 베풂, 봉사, 헌신, 사랑도 배워야 한다. 배워서 실천하자. 남들을 돕는 마음도 저절로 생기는 것은 아니다. 성인, 현자, 깨달은 사람도 모두 배워서 된 것이다. 타인을 위해 봉사하는 사람들도 모두 배운 것이다. 배우지 않으면 알 수가 없다. 그래서 배우지 않으면 짐승과 같다고 한 것이다. 경험을 통해 배우고, 스승에게 배우고, 책을 통해서 배우자. 한권의 책은 단순한 책이 아니다. 책에는 다른 사람들의 소중한 경험, 스승들의 아름다운 삶이 녹아 있다.

모든 사람이 인생에서 성공할 수 있다. 자신만의 길을 걸어간다면 말이다. 하물며 거지도 행복하게 살 수 있다. 남과 비교하지 않는다면 말이다. 우리는 남들과 비교하면서부터 비참한 인생을 살게 된다. 비교에는 기술이 있다. 그것은 바로 만족의 비교와 발전의 비교이다. 행복하고 싶거든 나보다 낮은 처지에 있는 사람들과 비교하자. 30평 아파트에 살고 있다면 20평에 살고 있는 사람들과 비교하자. 혹은 전셋집에 살고 있는 사람들과 비교하자. 그래야 만족하고 행복할 수 있다. 내려다보면서 살아도 올려다보고는 살지 못한다는 격언이 가르쳐주는 것이 바로 이런 만족의 비교 원리이다.

발전하고 싶다면 나보다 나은 사람들과 비교하자. 내가 아직 대리라면 과장인 친구와 비교하자. 그리고 어떻게 하면 과장이 될 수 있을지 연구하고 노력하자. 어학 능력이 필요하다면, 친구들을 만나 술만 마시며 놀지 말고 외국어 학원에 다니자. 인간관계 기술이 부족하다면 서점에 가서 관련 서적을 10권쯤 사서 한 달 내에 독파해보자. 그리고 배운 바를 실천해보자. 자기 분야에서 전문가가 되기 위해 밤을 새워 공부를 해보자. 나보다 낮은 주임인 친구를 보고 만족해하지 말자. 그러다가는 언제 회사에서 쫓겨날지 모른다.

진정한 성공은 남들과 경쟁하는 것에 있지 않다. 그것은 자기 자신과 경쟁하는 것이다. 어제보다 나은 나를 만들기 위해 노력하자. 자신과의 경쟁에는 끝이 없다. 자신과 경쟁하면 할수록 점점 더 자신의 모습이 아름답고, 훌륭하게 변하는 것을 보게 될 것이다. 거기에서는 한없는 만족이 샘솟을 것이다. 왜 쓸데없이 남들과 경쟁하면서 서로 다투는가. 매일 자신의 실력이 나아지면 자연스럽게 높은 위치에 오르게 될 것이다. 그러면 남들도 마음속으로부터 인정할 것이다. 이게 진정한 승리를 얻는 길이다.

조화로운 성공을 목표로 하자. 어느 한쪽으로만 성공하면 그것은 결코 성공했다고 할 수 없다. 돈을 아무리 많이 벌었어도 건강을 잃고 나면 헛수고일 뿐이다. 건강하더라도 경제적으로 쪼들리면서 산다면 비참한 인생이다. 돈도 많고 건강해도 부부가 진정으로 사랑하지 않아 가정이 늘 불화 속에 있다면 결코 성공한 인생이라 할 수 없다. 아이들로부터 외면받는 아빠도 성공했다고 할 수 없다. 우리는 언제나 조화를 생각해야만 한다. 자신과 가족과 조화를 이루며 살아야 한다. 나아가 사회와 세상과도 조화롭게 살아야만 한다.

성공한 인생은 생각처럼 단순하지가 않다. 배움을 통해서 알지 않으면 안 된다. 책이라는 매개체를 통하지 않고는 배움의 길을 걸을 수가 없다. 책 속에 성공의 길이 있고, 독서를 통해서 그 길을 찾을 수 있을 것이다.

책은 우리의 가장 조용하고도 영원한 친구이다.
책은 우리 곁에 가장 가까이 있는
가장 현명한 카운슬러이자,
가장 인내심 있는 선생님이기도 하다.
-C. W. 엘리어트

부모가
꿈을 갖고
평생
공부를 하자

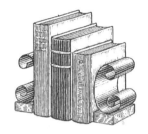

아이들을 잘 키우겠다고 잘 나가던 직장을 그만둔 아기 엄마가 있다. 남들은 취직을 하지 못해 안달이었지만 그녀는 과감하게 사표를 내고 가정이라는 직장에 취직을 했다. 경제적으로는 외벌이로 좀 힘들게 살았지만 아이들 교육은 만점이었다.

아이들은 천재처럼 지능이 뛰어났으며 감수성 또한 풍부하게 자랐다. 아이들을 키우면서 못다 한 자기 공부도 하였다. 깊이 있는 인생 공부를 하였으며 관심이 있었던 영어 공부도 열심히 하였다. 아이들이 스스로 공부할 수 있을 만큼 잘 키워놓고 이제 다시 사회생활을 시작할 준비를 하고 있다.

그녀는 아이를 키우면서 정말 많은 것을 공부했다고 한다. 또한 부모가 되는 길의 어려움을 절실하게 깨달았다고 한다. 부모가 되기 위해서는 자격시험을 쳐서 합격한 사람만 결혼을 하게 해야 한다고 호소한다. 그만큼 부모다운 부모가 되는 일이 어렵다는 것을 갈파하는 것이다.

가장 어려운 일을 가장 소홀하게 준비하는 게 부모가 되는 일이 아닌가 싶다. 아내는 한때 교육에 관한 책을 읽고, 무식한 게 죄라면서 아무것도 모르고 아이들을 키웠다며 반성의 눈물을 흘린 적이 있다. 나는 그 때 책의 힘이 위대하다는 것을 다시 한 번 느꼈다.

어찌 배우지 않고 가르칠 수가 있겠는가. 우리는 시행착오 속에서 아이들을 가르치고 있다. 주의하지 않으면 아이들의 속임수에 넘어가기도 한다. 부모가 나약한 모습을 보이면 아이들은 예리하게 그 점을 파고든다는 것이다. 배고플 때 울면 밥을 주니까 무엇이든 보채면 되는 줄 알고 일단 울고 본다. 아이들의 본능이다. 이것이 습관이 되어 아이들은 무엇이든 떼를 쓰며 요구한다. 아이들의 습성에 대한 공부가 필요한 부분이다. 쇼핑을 하다 보면, 눈에 보이는 대로 사달라며 들어주지 않을 때 주저앉아 크게 울면서 난리를 치는 아이들을 보게 되는데 부모들은 어쩔 줄 몰라 쩔쩔맨다. 이것은 아이들에게 나쁜 습성을 들여주었기 때문에 일어나는 현상이다.

일찍이 《에밀》을 읽고 아이들 교육의 어려움을 깨달았다. 그 이후에 행복을 공부하면서 인간에 대한 연구를 하다 보니 교육이야말로 중요하고도 어려운 분야라는 것을 알 수 있었다. 그런데 우리는 제대로 공부하지도 않고 준비하지도 않고 아이들을 가르치고 있다. 고루하다고 해서 부모들이나 어른들로부터 배우지 않고, 그렇다고 책을 통해서 공부하지도 않는다. 하나둘밖에 낳지 않고 금지옥엽 키우다 보니 가정에서 엄하게 교육을 하지 않는다. 공부만 잘하면 되는 줄 알고, 교육 일체를 학교나 학원에 맡기고 만다. 그러니 아이들이 자기밖에 모르고 삐뚤게 자라는 것이다. 정말 크게 우려할 일이다. 하긴 부모 자신이 제대로 교육을 받지 못하고 자랐으니 어떻게 아이들 교육을 잘 시킬수 있겠는가. 맹인이 맹인을 인도하는 꼴이다.

모르면 배우라고 했다. 아이 교육에 관해서도 책을 읽고 공부를 하면 많은 것을 배울 수 있다. 나의 아내가 책을 읽고 자신의 잘못을 깨달았듯 책을 통해 자녀교육에 대한 공부를 하면 우리는 많은 시행착오를 겪지 않고 아이들을 잘 가르칠 수가 있다. 또 아이들 교육을 전적으로 엄마에게만 맡기지 말고 부모가 함께 아이들을 가르쳐야만 한다. 그래야 균형된 부모상을 심어줄수가 있다. 아이들이 가정 일은 엄마만 하는 것이라든가, 아빠는 돈만 벌어오면 된다고 하는 왜곡된 생각을 갖지 않게 된다.

아이들 관점에서 보면 부모지만 자신들의 입장에서는 부부이다. 가정에서 부부가 화목하지 못하면 아이들도 행복하게 자랄 수가 없다. 부부가 서로 사랑하면서 행복한 삶을 이끌어가지 못하고 다투거나 이혼을 하면 사회적으로도 문제가 된다. 아이들을 잘 가르치고 부부가 해로하기 위해서는 부모들이 배우고 공부를 해야만 한다. 이에 부모를 위한 틈새 독서 전략과 기술이 필요하다.

부부가 직장생활을 하는 경우 아이들을 가르치기는 쉽지 않다. 그렇지만 우리는 아이들 교육을 그저 학교 교육이나 학원의 과외에만 맡겨둘 수는 없다. 부모가 조금씩 노력하여 틈새 시간을 이용하여 독서를 하여 실력을 쌓고, 또 제대로 된 지식을 갖춰 가르친다면 아이들을 더 훌륭하게 교육시킬 수 있을 것이다. 아이들을 가르치는 데는 말보다는 모범을 보이는 것이 중요하다. 아이들에게 책을 읽으라고 야단치기보다는 부모가 책을 읽는 모습을 보여주면 되는 것이다. 어떻게 하면 더 훌륭한 부모가 되고, 아이들을 잘 가르칠 수 있을까 고민을 많이 해야만 한다.

부모가 먼저 꿈꾸고 공부하자

아이들을 잘 키우는 가장 좋은 방법은 아이들에게 꿈을 갖게 해주는 일이다. 꿈을 꾸면 아이들은 그것을 이루기 위해 열심히 노력하고 스스로 공부도 한다. 성공한 모든 이들은 어려서부터 꿈이 있었다고 하는데, 꿈이 성공의 마차라는 것을 잘 증명해주는 것이다. 그러므로 아이들을 공부 잘하는 아이로 키우려 하지 말고, 꿈을 갖도록 이끌어주어야만 한다. 하지만 꿈을 갖게 하는 것은 쉽지 않다. 가장 좋은 방법은 부모가 꿈을 갖고 사는 것이다. 아이들은 부모를 따라 하기 마련이다. 가만히 자신을 돌아보자. 무슨 꿈을 갖고 있는지. 부모부터 꿈꾸는 삶을 살아야 한다.

여기 아름다운 꿈을 이룬 엄마의 이야기가 있다. 주위 모든 사람들이 꿈도 꾸지 말라며 비웃고 헐뜯어도 '글을 쓰겠다는 꿈'을 버리지 않았고, 결혼해서는 눈코 뜰 새 없이 바쁜 와중에 틈새 시간을 이용해 글을 써서 여러 편의 소설을 쓴 작가가 된 여인이, 작가를 꿈꾸는 사람들에게 누구나 글을 쓸 수 있다고 격려해준다.

"나는 그 때 네 명의 아이를 키우고 있었는데, 제일 큰아이가 겨우 네 살이었다. 매일매일의 일거리로 아이들을 돌봐야 했고, 염소 젖을 짜야 했고, 요리와 세탁을 하고, 정원도 손질해야만 했다. 그렇지만 글 쓰는 데는 전혀 문제가 없었다. 아이들이 잠을 자는 사이사이 나는 구식 타자기를 두드렸다. 난 내가 느낀 대로 쓸 뿐이었다. 아이를 낳는 것처럼 한편을 완성하는 데 9개월이나 걸렸다."

꿈이 없기 때문에 시간이 없는 것이다. 꿈이 있다면 아무리 바빠도 틈을 내고 짬을 내서 꿈을 위해 노력하기 마련이다. 부모가 꿈을 꾸면서 열심히 산다면 아이들은 저절로 꿈을 꾸고 노력을 하는 삶을 살게 될 것이다. 이보다 더 훌륭한 교육이 어디 있겠는가.

아이들 문제의 99퍼센트는 부모 문제라고 한다. 심리 상담 공부를 해보면 문제가 있는 아이들에게는 틀림없이 문제가 있는 부모가 있다는 것을 알게 된다. 아이들은 부모의 모습을 보면서 자라기 때문에 아이들은 부모의 모습을 그대로 답습한다. 부모의 문제까지 닮게 되는 것이다. 그래서 아이 문제는 먼저 부모 문제를 해결해야만 하는 것이다. 가만히 살펴보면 문제없는 부모는 이 세상에 단 한 명도 없다. 그러므로 모든 부모들은 공부를 통해 다시 태어나야만 한다는 것을 인정하고 배움의 길을 걸어야만 한다. 부모들도 처음부터 다시 배워야만 한다.

아이들을 제대로 가르치지 못하면 결국 나중에 아이들에게 버림받게 된다. 우리의 부모들이 너무나 가난하게 살면서 고생을 했기 때문에 우리에게 잘 먹고 잘 살라고 가르쳤듯 우리는 부모가 되어서 '아무 생각' 없이 아이들을 잘 먹고 잘 살기 위해 열심히 공부하라고 가르치고 있다. 아이들을 '저밖에 모르는' 공부 잘하는 아이들로 키우면서 그 아이들이 행복하기를 바란다. 하지만 공부만 잘 하는 아이들이 결코 사람다운 사람이 될 수가 없다. 그렇기 때문에 나중에 아이들이 부모를 외면하고 박대하는 것이다. 콩 심은 데 콩 나고 팥 심은 데 팥 나는 것이다.

왜 사는지, 어떻게 살아야 하는지 지금이라도 공부를 해야만 한다. 부모가 확실한 인생철학을 갖고 살아야 아이들을 생각이 깊은 아이들로 키울 수가 있다. 그래야 아이들이 주체적인 삶을 살게 될 것이다. 아이들을 잘 가르치기 위해서는 부모가 독서를 통해서 인생 공부를 해야만 한다.

책 읽는 엄마아빠, 읽어주는 엄마아빠가 되자

아이들은 부모의 등을 보고 자란다고 했다. 가장 훌륭한 교육은 부모가 모범을 보이고 아이들이 따라 하게 하는 것이다. 그런데 모범을 보이는 일은 쉽지 않다. 때로는 귀찮기도 하고, 때로는 고통스럽기까지 한 일이다. 그래서 모범을 보이는 참 교육이 어려운 것이다. TV를 너무 많이 보면 좋지 않다는 것을 알지만 멀리하지 못한다. 담배가 건강을 해친다는 것을 알지만 금연하기는 쉽지 않다. 술을 많이 마시면 중독된다는 것을 알지만 절주하지 못한다. 아는 것을 실천하는 것은 참으로 힘들다. 책을 많이 읽으면 좋다는 것을 알아도 부모 자신이 책을 읽지 않는다.

아이들이 책을 잘 읽고, 공부를 잘 하기를 원한다면 부모가 책을 읽는 모습을 보여야만 한다. 육아, 자녀교육, 공부 관련 서적, 독서, 인간관계, 심리상담, 부부 사랑, 인생철학 등에 관한 책을 읽자. 특히 아이들 교육에 관한 책을 10권 정도만 읽어보자. 아이들 교육을 어떻게 시킬지에 관해 많은 것을 알 수 있다. 적어도 아이들을 더 잘 이해하고 사랑해줄 수 있을 것이다. 부모가 왜 공부를 하고 제대로 살아야 하는지를 배우고 싶다면, 《천국을 낭비하는 사람들》이라는 책을 읽어보길 바란다. 아이들을 왜 제대로 교육시켜야 하는지를 잘 깨닫게 될 것이다.

어려서 아이들을 마음껏 뛰어 놀게 하려고 책을 많이 읽게 하지 않았다. 주체적으로 생각하고 판단할 힘이 없는 아이들에게 너무 관념적인 책을 읽게 하면 오히려 좋지 않다는 《에밀》의 교육관을 따른 것이다. 어떤 책들을 읽게 해야지 좋은지 알 수 있게 하는 조언이다. 독서가 좋다고 하니까 요즘은 너무 어려서부터 아이들에게 경쟁적으로 책을 읽게 하고 있다. 너무 서두르는 감이 없지 않다. 아이들은 우선 육체적으로 한껏 성장해야만 한다. 지나치게 일찍부터 선악의 관념의 주입할 필요가 없다는 얘기다. 한번 깊이 생각해볼 일이다.

정말 좋은 책들을 몇 권 골라 아빠가 읽어주면서 사랑을 담뿍 전해주는 것이 바람직한 독서교육이다. 아이들에게는 책을 많이 읽어서 지식을 많이 쌓는 것보다, 아빠의 사랑을 많이 느끼는 것이 더 중요하다. 아빠가 꾸준하게 아이들에게 책을 읽어주는 일은 아빠에게 엄청난 노력과 인내가 필요한 일이다. 회사일로 바쁘고, 피곤한 몸을 이끌고 귀가하였는데 거르지 않고 아이들에게 책을 읽어줄 수 있는 아빠가 얼마나 되겠는가. 진정 사랑하는 마음을 갖고 있지 않으면 꾸준하게 할 수 없는 일이다.

책을 무척 좋아하고 거품을 물고 독서 전도를 하지만 나는 아이들이 초등학교 고학년이 되어서야 책을 많이 읽게 했다. 그러면서 늦었지만 아이들에게 책을 읽어주었다. 책을 읽어주니 아이들이 참 좋아했다. 아이들도 책을 읽을 수 있는 나이라 번갈아가면서 책을 읽었다. 아빠와 아이들의 관계가 가까워지는 것을 느낄 수 있었다. 이제는 자기들이 알아서 책을 읽기에 책을 읽어주지 않아도 된다. 그 때가 그립기도 하다.

TV 시청을 줄이자

가만히 한번 생각해볼 일이 있다. TV, 신문, 음악 등은 사람들의 시간을 이용해서 돈을 벌고 있다. 사람들이 여가 시간에 TV를 시청하고, 신문을 보고, 라디오를 통해 음악을 들으면 이들 대중매체들은 광고주들에게 광고를 팔아 돈을 버는 것이다. 우리가 그들의 사업에 이용당하는 것이다. 결국 그들은 남의 시간을 팔아서 돈을 번다. 그러므로 우리가 그런 데 시간을 많이 쓰면 쓸수록 남들 좋은 일만 시킨다. 반면 우리가 얻는 것은 무엇일까. 물론 스트레스도 해소하고, 정보도 얻고 음악을 즐길 수도 있다. 이런 모든 것들은 일회성으로 즐길 수는 있어도 인생에 하등의 도움이 되지 않는다. 이런 사실을 명확히 알아야만 한다. 그래야 우리가 그들의 서비스를 주체적으로 이용할 수 있을 것이다. 대부분의 사람들은 무의식적으로 여가시간의 대부분을 이렇게 다른 사람들을 이롭게 하는 데 쓰고 있다. 책을 읽거나 해서 건전하게 여가를 선용하여 자신을 이롭게 하는 일에는 거의 쓰지 않고 있다. 놀라운 일이 아닌가.

부모가 먼저 이런 사실을 알고 TV 시청을 줄여나가야만 한다. 그렇다고 TV 시청을 아주 딱 끊으라는 이야기가 아니다. 유익한 프로그램들을 찾아서 시청해야만 한다. 그리고 나머지 시간은 자기 자신을 위해서 써야만 한다. 하루에 두 시간이나 TV 시청을 하고 있다면 TV 시청 시간을 줄여서 그 중 한 시간 혹은 최소한 30분은 자기 자신을 위해서 써야만 한다. 맥 놓고 앉아 TV를 시청하거나 기사 한 줄 놓치지 않으려고 열심히 신문만을 볼 게 아니라 진정 자신을 위하는 일, 독서에 의무적으로 시간을 배정해야만 한다. 가령 아이들에게 30분 책을 읽어주고, 자신을 위해서 30분 독서를 하는 것이다. 이렇게 할 때 아이들의 미래뿐만 아니라 자신의 미래 인생에도 희망이 싹트는 것이다.

정말 진지하게 고민해보아야만 한다.

우리 집의 경우 아이들이 TV를 너무 많이 시청해서 조금 줄여주어야겠다 싶어서, 책을 한 시간 보아야만 TV 30분을 시청할 있다는 규칙을 만들었다. 물론 가족회의를 통해서 결정했기 때문에 아이들이 따랐다. 그 뒤로 일주일에 한 권씩 책을 읽게 하였고, 얼마 후에는 독후감을 쓰게 했다. 이것은 이제 밥 먹는 것과 같은 일상사가 되어버렸다. 그렇다고 아이들이 TV를 전혀 보지 않는 것은 아니다. 하루에 30분 정도는 자기들이 좋아하는 프로를 보고 있다. 하지만 우리 아이들은 남 좋은 일만 시키는 것이 아니라 자기들에게도 좋은 독서를 하는 습관을 들였다. 아이들의 미래가 어찌 아니 밝겠는가.

엄마는 공부벌레, 시간 관리의 왕

아이들 교육을 위해서 용감하게 직장을 때려치운 엄마는 아이들보다 공부를 더 많이 했다고 한다. 아이들을 제대로 가르치기 위해서 아이들의 교육에 관한 책부터 인생 공부에 관한 책까지 무척 많은 책들을 읽었단다. 아이들에게 잘 가르쳐주려고 공부를 열심히 하다 보니 무엇보다 본인 스스로가 재미있었단다. 점점 호기심이 많아지면서 공부가 재미있고 즐거워져 자연스럽게 공부벌레가 되더라는 것이다.

이처럼 직장에 다니지 않는다면 엄마들은 아이들과 함께 공부를 할 수도 있다. 학창 시절에 공부를 열심히 하지 않았다면 아이들과 함께 공부를 해보면 좋을 것이다. 자신의 능력을 새삼스럽게 깨달을 수 있다. 이웃집과 누가 과외를 더 많이 시키고, 좋은 학원에 보내느냐를 경쟁하지 않고도 아이들을 잘 가르칠 수 있다. 아이들에게 스스로 공부하는 습관을 들인다면 교육비도 절약하고 아이들이 일찍부터 자신의 인생을 주체적으로 살도록 가르쳐주는 것이다.

이웃집 사람들을 만나서 수다를 떨거나 다른 사람을 흉보는 일을 그만 두고 엄마도 공부하는 모습을 보여주어야만 한다. 책을 읽고 공부를 하면 자신들이 얼마나 무의미한 인생을 살고 있었는지를 깨닫게 될 것이다. 아이들 교육에 올인하느라 노후 준비도 하지 못하여 경제적으로 어렵게 살고, 인생 공부를 하지 않아 노인이 되어서도 자식들에게 존경을 받기는커녕 소외를 당한다면 얼마나 비참한 인생이겠는가. 자기 자신은 물론 아이들을 위해서도 엄마도 공부벌레가 되어야만 한다.

아이를 낳아서 키우고 뒷바라지하는 일은 부모의 많은 희생을 요구한다. 게다가 과외를 시키고 학원을 보내려면 엄청난 돈이 들어가기 때문에 부모들의 허리가 휘어지고 있다. 아이들을 적게 낳으려고 하는 이유이다.

　하지만 조용히 생각해보자. 꼭 그렇게 해야만 하는지를 가슴에 손을 얹고 반성을 해보자. 엄마나 아빠가 조금 더 아이들을 '진정' 사랑하는 마음을 갖고 노력을 한다면 꼭 돈으로만 키우지 않아도 되는 일이 아닌가. 부모가 책 읽는 모습을 보이면 아이들은 자연스럽게 따라 할 것이고, 더 나아가 부모가 꿈을 갖고 산다면 아이들도 그런 모습을 따라서 꿈을 갖고 열심히 노력을 할 것이 아닌가. 부모가 인생 공부를 잘 하여 마음을 잘 다스리면서 불끈불끈 화를 내지 않는다면 아이들도 품성이 좋은 아이들로 자랄 것이 아닌가. 아무리 바빠도 틈새 시간을 이용해서 부모가 공부를 해야 한다. 부모가 책을 읽으면서 더 훌륭한 사람이 되려고 노력하는 모습을 보면 아이들이 무엇을 느끼겠는가. 아, 인생은 저런 거야 하면서 따라 하게 되지 않을까.

　그러므로 부모들이 틈새 시간을 잘 활용하여 독서를 해야만 한다. 아빠는 저녁 때 TV 시청을 줄여서 책을 읽고, 엄마는 아이들을 등교시키고 조용한 집에서 책을 읽으면 된다. 아빠나 엄마가 아이들이 공부할 때까지 함께 책을 읽으면서 공부를 해주면 아이들에게도 큰 힘이 되지 않을까. 틈이 나지 않으면 일부러 짬을 내서라도 책을 읽자.

　주말에 서점이나 도서관엘 가자. 만일 평일에 바빠서 도저히 틈이 나지 않는다면 주말을 이용하면 된다. 주말이라고 해서 휴식만 취할 게 아니라 가끔 온 가족이 서점에 가서 책을 사는 시간을 갖자. 또 한 달에 한두 번이라도 도서관에 가서 시간을 보내자. 책을 읽으면서 시간을 보내고, 또 책을 빌려와서 보기도 하자. 돈이 없어 책을 살 수 없다면 얼마든지 빌려서도 볼 수 있다. 아이들과 함께 헌책방에 가서 책을 사도 좋다. 절약하는 방법을 아울러 가르쳐줄 수 있다.

넘치게 사랑하고 부족하게 키우자

모든 부모들이 아이들을 남부럽지 않게 키우려고 한다. 하지만 부족함을 모르고 자란 아이는 나중에 커서 어려움에 직면하면 쉽게 좌절하게 된다. 그걸 모르고 요즘 부모들은 너무 아이들을 곱게 키우려고 한다. 온실 속의 화초가 세찬 비바람을 견디지 못하는 것인데 말이다. 특히 아이를 하나만 두고 부모가 맞벌이를 할 때 잘 돌보지 못하는 미안한 마음 때문에 아이들이 해달라고 하는 대로 해주려고 한다. 이것은 크게 잘못하는 것이다. 아이들은 이런 부모의 마음을 파고들어 교묘하게 이용한다. 무의식중에 그렇게 하는 것이다. 습관이 들어버린다. 떼를 쓰고 보채는 아이들은 그런 못된 습관이 든 것이다. 아이들을 제대로 가르치려면 일부러라도 배를 곯아보고 힘든 일도 하게 해야만 한다. 그래서 젊어서 고생은 사서라도 한다는 것이다.

아이들을 제대로 사랑하고 가르치는 일은 어렵다. 때로는 마음이 아프지만 엄하게 훈육할 줄 알아야 하기 때문이다. 쉽게 감싸주고 얼러주는 것보다 엄하게 혼을 낼 때 부모의 가슴이 더 아프다. 그런 아픈 마음을 견디고 가르쳐야 하니깐 힘이 드는 것이다. 그래서 진정한 사랑은 고통스러운 일이라고 하는 것이다.

《넘치게 사랑하고 부족하게 키우자》는 책에 이런 이야기가 나온다. 부모가 책을 읽고 공부할 때, 우리는 아이들을 제대로 가르칠 수가 있다. 아무리 바빠도 틈새 시간을 이용해서 부모가 책을 읽고 공부를 하여 아이들을 가르쳐야만 하는 절실한 이유이다.

같은 책을 읽었다는 것은 사람들 사이를 이어주는 끈이다.

-에머슨

사랑도 배우고
공부해야
오래 지속된다

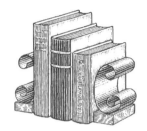

강을 건널 때, 깊은지 얕은지 알아보지도 않고 무턱대고 건너다간 깊은 물에 빠져 죽을 수도 있고, 급류에 떠내려갈 수도 있다. 마찬가지로 산을 오를 때 높고 깊은 산이라면 철저하게 준비를 해야만 한다. 가볍게 떠났다가 조난을 당하거나 길을 잃고 헤매다가 고립되어 죽을 수도 있다. 결혼이라는 아름다운 삶을 준비하는 것도 마찬가지이다. 알고 시작하면 어려움이 생겨도 참고 견디고, 철저하게 준비를 하고 시작을 하면 쉽게 포기하거나 그만두지는 않을 것이다. 결혼을 앞둔 미혼 남녀들이 어떻게 하면 행복한 결혼 생활을 유지해나갈 수 있을지 깊이 생각해보는 것도 매우 가치 있는 일일 것이다.

오늘날의 결혼 생활의 세태를 보면 너무나 심각하다. 많은 사람들이 이혼을 한다. 우리나라의 이혼율이 세계적으로도 수위를 다툰다고 한다. 심지어 황혼 이혼이라고 해서 늙그막에 이혼을 하고 제 갈 길을 가는 경우도 많다. 이혼이 옳으냐 그르냐 시비를 가리지 않는다고 해도 이런 인생을 성공한 인생이라고 할 수 있을까. 사실 이혼이 당사자들에게는 큰 문제가 아니라고 해도 자녀들에게는 큰 고통을 초래한다. 온전한 가정에서 행복하게 성장해야 할 아이들에게 치명적인 고통을 가하게 된다. 어려서 문제를 갖고 있던 아이들은 자라서도 평생 부모 이혼에 기인하는 고통으로 아파하면서 살아간다. 왜 이혼이 갈수록 늘어만 가는 것일까. 사랑, 결혼이라는 것에 깊이 생각해볼 필요가 있지 않을까.

이혼이 상처받는 결혼생활의 해결책이라면 환영받아 마땅하다. 하지만 이혼의 근본적인 원인을 살펴보면 결국 자기 자신이 문제인 것이다. 내 안에 숨어 있는 상처 혹은 아픈 경험 등이 끝내 문제를 일으키는 것이다. 부부 중 한쪽만이 이런 문제를 안고 있는 것은 아니다. 대부분의 사람들은 이런 문제를 안고 살아간다. 다만 정도가 다를 뿐이다. 재혼을 하든, 혼자 살든 본인이 행복하게 살기 위해서는 이런 문제는 치유되어야만 한다. 자신의 거듭남 없이 재혼을 한다고 해도 똑같은 일이 일어나는 것이다. 운 좋게도 그런 상처가 드러나지 않는 재혼이라 큰 문제없이 살아갈 수도 있겠지만, 그게 언제 또 터질지 모르는 일이다.

왜 우리가 이런 문제를 안고 살아갈 수밖에 없는지 깊이 생각해보아야만 한다. 그리고 결혼 생활을 시작할 때 당사자들의 문제, 그리고 살아가면서 당면하게 되는 문제에 대해서 처음부터 잘 생각할 줄 안다면 우리는 보다 행복한 결혼 생활을 할 수 있을 것이고, 문제가 생긴다고 해도 슬기롭게 해결할 수 있을 것이다. 차분하게 책을 읽으면서 공부를 해본다면 많은 것을 깨달을 수가 있다. 사실 결혼의 전제조건인 사랑을 하는 첫출발부터가 문제일 수 있다.

우리 사랑을 하고 결혼을 하자

연애 따로 결혼 따로라는 웃지 못할 말이 있다. 가장 바람직한 결혼은 사랑의 골인이어야만 한다. 그런데 왜 이런 웃지못할 말이 나돌까. 연애를 하다가 깨져서 다른 사람을 만나 급하게 결혼을 하는 사람들이 자기 보호차원에서 한 말이 아닐까. 죽자 사자 사랑하던 사람과 헤어졌는데 금방 다른 사람하고 결혼을 했을 때, 다른 사람들이 참 어이없어 할 때 핑계를 댈 말이 없으니깐 내뱉는 말이 아닐까. 누가 감히 함부로 사랑과 결혼에 대해서 정의를 내를 수 있겠는가마는 나는 '사랑하기 때문에' 결혼해야 한다고 주장하고 싶다. 만일 사랑 없이 결혼을 하더라도 사랑하는 사이가 되어야만 한다. 사랑 없이 어떻게 결혼 생활이 유지될 수 있겠는가. 슬기롭게 연애를 해서 사랑하는 사람과 결혼하자. 한번 연애에 실패하더라도 너무 성급하게 결혼하지 말자. 진정 사랑하는 사람이 나타날 때까지 참고 기다리자. 그래야 결혼하고 나서 쉽게 이혼으로 끝을 내지는 않을 것이 아닌가. 죽고 못 살 만큼 사랑하는 사람과 결혼하자.

하지만 결혼의 현실은 어떤가. 우리는 어쩌면 조건과 야합을 한다. 상대가 외모도 준수하고, 학벌도 좀 있고, 좋은 직장에 다니거나 전문가라서 돈도 잘 벌고 하니 조건이 괜찮으니까 결혼 상대자로 만나는 것은 아닌가. 결국은 사랑하는 마음이 크지 않더라도 조건이 적당하니까 결혼을 하는 것이다. 심한 말로 하면 거래를 하는 것이다. 남자나 여자나 다르지 않다. 어쨌든 우리는 결혼을 할 때, 연애를 할 때와는 달리 이런저런 여러 가지 조건을 갖춰야 한다고 생각한다. 그래서 결혼에 골인을 한다 치자. 인생이란 문제의 연속이라고 한다. 조건이 달라지는 상황이 얼마든지 생긴다. 돈을 보고 결혼을 했는데 재산을 잃게 되거나, 건강하고 멋진 몸매를 보고 결혼을 했는데 병에 걸려 야위고 볼품없어진다든지 하는 조건이 변하는 경우가 얼마든지 생기는 것이다.

이렇게 조건이 나빠질 때 우리의 마음은 서서히 변해간다. 작은 것에도·트집을 잡기도 하면서 다투게 되어 그게 서로에게 큰 상처가 되어 이혼을 입에 담기 시작한다. 한번 하는 것이 어렵고 두렵지 이제 수시로 다투고 이혼하자는 말을 내뱉게 된다. 결국은 말이 씨가 된다고 이혼이 성사된다. 하지만 이 세상 어디에도 나만을 평생 사랑해줄 사람은 단 하나도 없다. 자신이 그렇게 될 수 있을 만큼 완벽한 조건을 갖추고 있는가 반성해보아야 한다.

사랑으로 결혼을 하자. 이런 유행어를 만들자. 또 어쩔 수 없는 상황이라 사랑 없이 결혼했다고 하더라도 서로 사랑하는 사람이 되자. 사랑은 배울 수 있는 것이다. 《사랑의 기술》이란 책도 있지 않은가. 설령 조건을 보고 결혼했다고 하더라도 사랑을 하자. 사랑이 있을 때 결혼 생활이 행복하고 오래 유지되는 것이다. 조건이 무너져도 사랑 때문에 살 수 있는 것이다. 사랑에 관한 좋은 책들이 참 많이 있다. 꼭 인터넷에서 '사랑'이라는 책을 검색해서 10권 정도 사랑에 관한 책을 읽고 사랑을 하고, 사랑 끝에 결혼을 하자.

사랑 너머엔 또 다른 사랑이 있다

다행스럽게도 조건을 보고 결혼을 한 것이 아니라 사랑하기 때문에 결혼을 한 커플이 있다고 하자. 우리는 사랑을 하기 때문에 결혼을 했어도 사랑이 식을 수도 있다는 것을 모르고 있다. 과학적 연구조사에 의하면 열정적인 사랑은 채 3년을 넘기지 못한다고 한다. 3년이 지나면 남자의 사랑이 식는다고 한다. 사랑이 3년 동안 유지가 되는 것은 아주 오랜 옛날 남성과 여성이 사랑을 나눠 임신을 했을 때, 아이가 스스로 살 수 있을 때까지 최소한 3년은 엄마가 돌봐줘야 했기 때문이란다. 그 기간 동안은 사랑을 나눈 남성에게 사랑하는 마음이 있기 때문에 상대 여성과 아이를 지켜준다는 것이다. 그렇기 때문에 최소한 3년 동안은 사랑이 유지가 되어야만 했다는 것이다. 참 재미있는 이야기다. 먼 옛날 우리 조상들의 사랑법이 오늘날까지 유전되어 오고 있다니 놀랍지 않은가.

열렬한 사랑도 길어야 3년밖에 유지되지 않는다는 사실을 잘 알고 있어야 한다. 사랑이 식는 것은 어쩌면 너무나 당연한 일인 것이다. 또 이런 과학적인 연구결과가 아니라도 사람의 마음은 언젠가는 변한다는 사실이다. 한 사람과 계속 함께하다 보면 싫증이 나기 마련이다. 내가 일부러 다른 곳으로 눈을 돌리지 않더라도 새롭게 다가오는 경우도 생길 수 있다. 그렇게 되면 다시 감정이 생기는 것이다. 이것은 남녀를 떠나 누구에게나 올 수 있는 자연적인 감정의 흐름이다. 이런 이유 때문에 사랑은 변하는 것이다. 그런데도 우리는 결혼한 사람과 평생 묶여서 살아야만 한다. 그러니 결혼 생활을 유지하는 것은 어렵고도 힘든 일이다. 이때 부부를 강하게 묶어주는 요소가 바로 아이들이다.

나는 아니지만 나를 닮은 또 하나의 나에 대해서는 영원한 사랑을 느끼게 된다. 부부가 상대를 영원히 사랑할 수는 없더라도 부부 사랑의 결정체인 그들은 영원히 보호해주어야 하는 의무감을 느끼는 것이다. 그래서 결혼생활을 오래 유지하기 위해서 일단 결혼을 하면 가능한 한 빨리 아이를 낳는 것이 좋다.

사랑은 식어서 없어지는 것은 아니다. 정으로 남는다. 부부가 3년 동안 살을 맞대고 함께 살다보면 열렬한 사랑이라는 감정뿐만 아니라 정이라는 감정이 생기는 것이다. 결국은 정이 남는 것이다. 사랑보다도 끊기 어려운 것이 어쩌면 정일 것이다. 그래서 우리는 그놈의 정이 무엇인지를 외치면서 정으로 결혼 생활을 유지하면서 잘 살아가는 것이다. 사랑의 결정체인 아이들과 정이 부부를 결속시켜주는 아주 중요한 요소이다. 대부분의 부부가 이런 과정을 거쳐 오래 함께 살아간다. 하지만 이런 일반적인 상황이 먹히지 않는 경우도 있다. 새로운 사랑이 더 크게 느껴지거나 아이들이 예뻐 보이지도 않고 정이 끈끈하지가 않다면 결혼 생활은 언제든지 깨어질 수가 있다. 그렇기 때문에 우리는 새로운, 진정한 사랑을 위한 준비를 해야만 한다.

스캇펙 박사의 《아직도 가야 할 길》이라는 책에는 사랑이 색다르게 정의되어 있다. 사랑은 자기 자신과 타인의 정신적 성장을 도와주기 위하여 자기 자신을 끊임없이 확대시켜나려는 의지라고 했다. 사랑이 황홀한 감정이 아니라, 강한 의지라는 것이다. 나는 이 말에 전적으로 동의한다. 우리 부부에게도 숱한 이혼의 위기가 있었지만 나를 지켜줄 수 있었던 것은 바로 이 새로운 정의에 의해서다. 아내가 이혼을 요구했을 때도 나는 강하게 거절을 했다. 왜냐하면 나 자신뿐만 아니라 아내도 충분히 정신적으로 성장하지 못했다는 것을 알기 때문에 아내가 나로부터 도망친다고 해도 아내는 여전히 자신의 문제를 안고 고통스럽게 살아갈 것이라는 것을 알고 있었기 때문이었다. 아내가 진정 정신적으로 성장하기를 바라는 나로서는 아내를 그냥 포기할 수는 없는 노릇이었다. 이제 아내는 나의 의지가 확고함을 알기 때문에 감히 이혼 같은 것은 요구하지 못한다.

어쨌든 우리는 사랑을 지키기 위해 부단히 노력해야만 하는 것이다. 그것이 진정한 의미의 사랑이다. 결혼을 하기 전에, 아니 적어도 결혼을 한 부부라면 이 책을 꼭 읽어보아야만 한다. 이렇게 서로를 의지적으로 사랑해나가면서 완전히 새로운 사랑으로 거듭나야만 한다.

진정한 사랑을 위해 나아가자

사랑은 처음의 열렬한 폭포와 같은 사랑을 지나고, 높은 산을 올라갈 때 끝까지 지켜주겠다는 강한 의지의 사랑도 지나, 마침

내 기쁨과 즐거움이 끝없이 펼치지는 평화로운 사랑의 평원에 도달해야만 한다. 사랑은 하나의 모습이 아니다. 사람마다, 상황마다, 순간마다 다 다르게 느껴질 수 있는 신비한 것이다. 첫사랑의 아름다움을 지켜나갈 수도 있다. 사랑이 식는다고 하지만, 서로 열렬하게 영원히 사랑을 지켜나가는 커플도 있다. 또 매번 격렬한 사랑을 다른 사람과 해 나가는 사람도 있다.

　하지만 사랑은 단 하나의 진정한 사랑을 향해 나가야 한다. 그것은 오직 상대를 나와 똑같이, 영원히 사랑을 하는 것이다. 어쩌면 사랑은 자기 자신을 끊임없이 사랑하는 행위일 것이다. 다른 사람이라는 매개체를 통하지만 말이다. 자기 자신을 사랑하지 않는 사람도 있지만 우리는 누구도 자기 자신만큼 완전하게 사랑할 수는 없을 것이다. 《사랑에 대하여》란 책에서 말하는 진정한 사랑은 우리가 알고 있는 것과 사뭇 사르다. 이런 책을 읽고 사랑을 배워나간다면 절대 사랑에 실패하지 않을 것이다. 또 지금 사랑하는 부부라면 조금 더 사랑하기 위해 사랑을 배워 보자. 《사랑하는 사람을 사랑하는 방법》이라는 책에 의하면 더 많은 사랑을 배울 수 있을 것이다. 사랑에 관한 주옥같은 교훈을 잔뜩 배울 수 있을 것이다. 사랑도 배워야만 더 잘 사랑할 수 있고, 위기에도 잘 대처해 나갈 수 있으며, 사랑에 실패하더라도 의연하게 다시 시작할 수 있는 것이다.

사랑학을 공부하자, 세미나에 참석하고 책을 읽자

배워서 남 주나 하는 우스갯소리가 있다. 정말 무엇이든 배워 두면 도움이 된다. 하물며 인생에서 가장 중요하다고 할 사랑에 대해서 배워둔다면 얼마나 도움이 되겠는가. 다만 주위 사람들에게 주워듣듯 해서 배우지는 말자. 그들도 사랑이 무엇인지 잘 모른다. 책을 통해서 배우자. 다만 사랑에 관한 통속적인 책들은 배울 게 별로 없다. 몇 가지 책을 추천해주고 싶다.

《사랑의 모든 것》,《아직도 가야 할 길》,《사랑에 대하여》,《사랑하는 사람을 사랑하는 방법》,《언제 어디서나 사랑을 생각하라》,《결혼 후의 참사랑》,《살며 사랑하며 배우며》,《사랑의 교실》등.

사랑에 대한 것만을 배우는 것보다 사랑을 둘러싸고 있는 모든 것에 대해 배우면 사랑을 더 잘 알 수 있다. 또 사랑에 관한 어떤 책이 이해되지 않는다고 헐뜯고 비난하지는 말자. 아직 수준이 안 되어 이해하지 못하는 것일 수도 있다. 다음 기회를 노리면 된다. 이해되는 책부터 읽자. 다른 모든 것이 그렇듯, 책마다 수준이 다 다르다. 단순히 차이가 나서 다른 것이 아니라 차원이 높아 다른 것이다. 독자의 정신적 수준이 낮다면 차원 높은 책은 절대 이해할 수가 없다. 그렇기 때문에 이해가 안 되면 그냥 내려놓고 이런저런 책으로 공부를 더 한 다음에 읽어보면 된다. 책만이 능사가 아니다. 다른 사람들의 경험을 들어보는 것도 좋다.

우리나라에도 결혼이나 자녀교육, 성공철학 등에 관한 세미나가 많이 열리고 있다. 이런 각종 세미나에 참석해서 배우면 좋다. 책이나 세미나 등을 통해 배우면 배울수록 더 행복한 결혼 생활을 할 수 있다. 결혼은 꿈이 아니라 현실이라고 한다. 상상 속에서 기대했던 것만큼 현실에서 좋지 않으면 실망하게 되는 것이다. 결혼 생활의 진실에 대해서 더 잘 알면 알수록 더 잘 마음의 준비가 된다. 배우는 만큼 더 많이 보이는 법이다.

그리고 휴일에 틈틈이 책을 읽자. 직장생활을 하느라, 데이트를 하느라 바쁘더라도 틈틈이 시간을 내 공부를 하자. 사회생활을 시작했지만 아직 결혼 준비가 더 급해서 '직장인을 위한 틈새 독서 테크닉'에 따라 독서를 하지 못한다면 주말만이라도 시간을 내 사랑과 결혼에 관한 책을 읽자. 한 쌍의 아름다운 젊은 연인을 만난 적이 있다. 한 달에 한번은 서로에게 책을 선물하고 선물받은 책을 함께 읽는 날로 정했다고 한다. 너무나도 지혜로운 연인이 아닌가.

우리는 사랑에 관한 한 미신에 빠져 살고 있다. 사랑은 영원할 것이라든지, 자기의 사랑은 변하면서도 상대의 사랑은 자기만을 향하길 바란다. 많은 사람들이 결혼에 대한 환상을 갖고 상상의 나래를 펴지만 이혼으로 불시착을 한다. 결혼생활을 유지하는 사람들이라도 해도 애인이 없는 사람이 어디 있냐며 다들 사랑의 노리개를 하나씩 차고 산다. 비극이 아닐 수 없다. 사랑에 대해서 제대로 모르기 때문이다. 그러면서도 사랑을 배우지 않는다.

참으로 아름다운 사랑을 하고 싶은 사람이라면 모두 사랑학을 배워야만 한다. 사랑에 실패한 사람도 또 다른 사랑을 시작하기 전에 사랑을 공부해야만 한다. 지금 그럭저럭 만족하고 사는 사람들도 우리 사랑 제대로 유지될 것인가 반성해보고 진짜 사랑을 배우지 않으면 안 된다. 왜냐하면 사랑이야말로 행복한 삶의 시작이자 끝이기 때문이다. 당신의 사랑은 안녕하신가요?

책과 함께
인생 2막을
준비하자

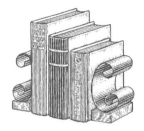

인간은 진화 과정상 과연 어디쯤 가고 있을까. 《개미》, 《뇌》 등의 베스트셀러 프랑스 작가인 베르나르 베르베르가 지난 4월 30일 한국에서 있었던 월드사이언스 포럼 2008에서 "진정한 인간은 아직 지구에 없다"고 말했단다. 또한 그는 행복에 대해서 다음과 같이 말했다고 한다.

"가장 똑똑한 뇌는 자기 자신에 만족할 줄 아는 뇌다. 사람들이 불행해하는 이유는 큰 아파트, 자동차 등 더 많은 걸 가지려 하기 때문이다. 진짜 똑똑한 뇌는 자신만을 위해 기능을 쓰는 게 아니라 다른 사람들, 모든 생명체와 하나가 돼 작동하는 뇌이며, 뇌는 서로 교감할 수 있는 의식을 갖출 때 진정한 행복감을 느낀다."

모든 인간은 생로병사의 과정을 거치며 결국은 늙어간다. 우리나라에서는 유교적 문화의 경로효친 사상이 있어서 어버이와 마찬가지로 노인들을 공경한다. 이 지구상에 인간다운 인간이 없듯이 한국에 노인은 많지만 이제 어른다운 어른이 없다고들 한다. 어버이를 무조건 공경해야 하듯이 노인들을 공경해야 하지만 어른으로 존경하고 따를 수는 없는 상황인 것이다. 사람은 나이가 먹고 경험이 풍부해짐에 따라 경륜이 높아지고 인격이 고매해지는 법이다. 그런 어른을 뵐 때 저절로 고개가 숙여지고 흠숭하게 된다. 하지만 대부분의 사람들은 인격을 완성하려 애써 노력하지 않는다. 노인이 되어도 인격이 완성된 분을 만나기 어려운 이유다.

젊은이들을 가르치고 모범이 될 만한 어른-독서를 통해 마음을 다스리자

노인이 되었지만 마음을 다스리지 못해 화를 자주 내는 분을 보면 훌륭한 인격을 갖추었다고 보기 어렵다. 사람을 감정의 동물이라고 하는 것은 감정을 다스리지 못하면 동물과 같이 본능적으로밖에 행동하지 못한다는 의미일 것이다. 그런데도 많은 사람들이 감정을 조절하지 못하고 있다. 마음을 다스리는 공부를 하지 않기 때문이다. 그저 마음 내키는 대로 화를 내고 성질을 부린다. 그러다 보니 괴팍한 성미 그대로 늙어버리고 만다. 비록 나이가 많이 먹어 노인이 되었을지라도 젊은이들을 가르치고 모범이 될 만한 어른이 되지 못한 것이다. 깊이 성찰해보아야 할 일이다.

아직 젊디젊은 사람이 시건방진 소리를 하고 있을지도 모른다. 아직 가보지도 않은 길을 이야기 하는 미련함을 보이는 지도 모른다. 하지만 타산지석이라고 주변에서 일어나는 일을 주의 깊게 살펴보면 충분히 배울 수 있다.

우연히 60세가 되신 연로하신 분을 만나 뵙고 고민 상담을 한 적이 있다. 그분으로부터 연세는 많이 드셨지만, 마음을 잘 다스리지 못한다는 고백을 들었다. 주제 넘는 조언일지 모르지만 책을 읽으시면서 인생 공부를 좀 하시는 게 어떻겠냐고 조심스레 말씀드렸다. 얼마 후에 그분으로부터 심리에 관한 책을 두어 권 읽어서 많은 도움이 되었다는 말씀을 들었다.

이처럼 우리는 일생을 살면서 인격을 도야하고 품성을 바르게 하기 위해 공부를 열심히 하지 않는다면 누구나 감정에 얽매이는 삶을 살게 될 것이다. 성격이 옹졸하고 마음이 어질지 못해 손가락질을 받게 될 것이다. 이렇게 마음을 다스리지 못한 채 늙어버렸다면 나이가 아무리 많다고 해도 존경받을 수는 없다. 그렇기 때문에 노인이 되었을지언정 늦었더라도 배우는 삶을 살아야 한다.

이미 이야기했듯이 동생의 장모님께서는 동생 집에 다니러 오셨다가 한두 권씩 책을 가져다 읽으셨다고 한다. 동생은 나와 마찬가지로 열심히 책을 읽으면서 책을 많이 사다가 집안 여기 저기에 수북하게 쌓아두었다. 사위집에 책이 잔뜩 있으니까 놀러 오셨다가 책에 손이 가게 된 것이다. 몇 년 째 책을 열심히 읽으시는데 요즘엔 한 달에 5~6권씩 책을 읽으신단다. 연세가 63세이시라 책을 읽기에는 좀 늦은 나이였지만 독서에 결코 늦은 나이란 없음을 증명해주신 것이다. 책을 읽는 것에서 끝나지 않고, 책을 읽고부터 마음도 평안해지셨으며 세상을 전과 다르게 보게 되면서 행복하게 사시게 되었다고 한다. 독서를 통해 마음을 다스리면서 남은 인생을 어른답게 살고 생을 관조하시면서 행복하게 사실 수 있다면 이보다 더 아름다운 일이 어디 있겠는가. 독서야말로 사람을 사람답게 만드는 힘이 있다는 것을 확인할 수 있었다.

좀 늦었다고 생각될지도 모르는 노인들을 위한 특별한 틈새 독서 방법은 없을까. 무엇을 하기에 너무 늦은 나이란 없을 것이다. 늦었다고 생각할 때가 가장 빠른 때니깐 말이다.

꿈이 없는 사람이 노인이다

얼마 전에 77세의 할머니께서 꿈을 갖고 사시는 것을 알고는 무척 감동했다. 아끼는 젊은 부부들에게 가훈 같은 것을 써주려고 서예를 배우러 다니는 할머니를 만나뵈었다. 그 연세에도 무엇인가를 배우기 위해 부지런히 활동하시는 것을 보고 아 꿈이야말로 사람을 행복하게 만드는 것이로구나 하고 느꼈다. 또 시베리아 가서서 불곰을 보고 시를 쓰고 싶으시다는 이야기를 듣고는 할머님 속에서 18세 소녀의 꿈을 보았던 것이다. 아무리 노인이라도 꿈을 갖고 살아야만 한다는 것을 배울 수 있었다. 경제적 상황이 어렵지만 않다면 무엇이든 배우는 삶이야말로 노인이 되어서도 행복하게 사는 비결이 아닌가 싶었다.

치매예방에 바둑보다 독서가 더 효과적이다

노인이 되면 가장 무서운 병이 치매라고 한다. 치매에 걸린 할머님 병간호를 하시는 어떤 할아버지로부터 사는 게 너무 힘들다고 하는 고백을 들은 적이 있다. 평생을 함께 산 아내가 치매에 걸렸는데 병간호가 그렇게 힘들까 싶은 의구심이 들기도 했지만 오죽하시면 그런 말씀을 하시랴 싶었다. 이렇게 무서운 치매예방에 바둑이나 고스톱보다 독서가 훨씬 낫다고 한다. 그러니 노인이 되었더라도 독서를 하면 좋겠다. 하지만 통계 조사에 의하면 노인이 될수록 독서율이 떨어진다고 한다. 그것은 독서 습관이 들지 않으면 노인이 되어서 책을 읽는다는 게 쉽지 않다는 것을 반증하는 것일 게다. 그래서 젊어서부터 꾸준하게 독서하는 것이 필요한 것 같다. 하지만 이미 언급했던 것처럼 독서를 시작하는 데는 늦은 때가 없으니 마음먹고 독서를 하는 게 좋겠다.

미리미리 노후를 대비하자

노인이 되었는데도 생계를 위해서 죽어라 일해야 한다면 독서는 한가한 소리에 지나지 않을 것이다. 요즘 전철을 타면 진풍경을 보게 된다. 아침 시간에 전철을 타면 노인분들이 경쟁적으로 무료신문을 수거하는 모습을 지켜볼 수 있다. 열심히 수거해도 몇 푼 벌지 못하는지라, 남에게 뒤질세라 열심히 무료신문을 수거하는 것을 보면 참으로 안타까운 마음이 든다. 당당하게 생활을 하는 것이라고 볼 수도 있겠지만 이렇게 생계를 위해 악전고투해야만 한다면 책 읽는 것은 언감생심일 것이다. 독서하면서 여유 있게 보내는 만년의 행복한 삶은 그림의 떡이 될 공산이 크다. 젊어서 조금씩이나마 노후를 위해서 저축을 해야만할 충분한 명분이 된다. 준비되지 않는 노년의 삶은 축복이 아니라 고통 그 자체이다. 먹고살 돈도 없는데 건강이 나쁘면 더욱 곤란하다. 몇 푼씩 버는 돈이 고스란히 병원비로 들어가고 말 테니 말이다. 미리 미리 건강과 섭생에 주의를 기울여야만 한다.

젊어서부터 인생 2막을 준비하자

이제 인생은 60부터라고 한다. 평균 수명이 길어져 제 2의 인생을 살아도 좋을 만큼 여생이 충분히 길기 때문일 것이다. 자식을 부양해야 하는 의무감에서 벗어나 하고 싶은 일을 하면서 보내는 인생이야말로 자신만의 인생이기에 더욱 행복하게 보낼 수 있을 것이다. 그런 의미에서 새로운 인생이라고 하는 것일 게다.

하지만 이런 인생 2막은 젊어서부터 철저하게 준비했을 때나 가능하다. 경제력이 없어서 생활고에 쪼들린다거나 건강을 잃어 쓸쓸히 인생의 뒤안길로 물러나야 한다면 인생 2막은 없다. 이 조언은 젊은 사람들에게나 들어맞는 이야기일 것이다. 젊어서부터 인생 2막을 준비했어야 하니깐 말이다. 경제적으로 준비가 되고 건강이 뒷받침된다면 모든 것을 훌훌 털어버리고 마음껏 새로운 인생을 살아가도 좋을 것이다. 평생을 자식들에게 연연하면서 살게 아니라 자신만의 멋진 인생을 살아도 좋다. 자식 걱정을 마음속에서 털어내고 여행도 즐기면서 하고 싶은 일을 하면서 사는 게 아름다운 노년을 보내는 것일 게다. 부부가 외국의 아름다운 관광지로 여행을 하면서 행복하게 보내려면 애정이 식지 않도록 잘 관리해야만 한다. 요즘엔 황혼 이혼율이 크게 높아지고 있다고 한다. 행복한 만년을 위해 젊어서부터 지혜롭게 준비를 하자.

산책을 하듯 여유로운 만년을 보내자

만년의 독서야말로 산책을 하듯 여유로운 독서를 즐길 수 있는 것이다. 경제적 활동을 위해 몸이 부서져라 일하지 않아도 되고, 사업이나 성공을 위해서 효율을 추구하는 생산적인 독서에 매달리지 않아도 되니 여유로운 마음으로 책을 대할 수 있을 것이다. 마음을 다스릴 줄 안다면 모든 게 여유롭고 평화로운 삶을 추구할 수 있을 것이다. 《조화로운 삶》이란 책을 보면 스콧 니어링은 자연을 가까이 하고 완전한 정신 건강을 유지하면서 아름다운 만년을 보냈다. 노인이 되었지만 정신적으로 조금도 나약해짐 없이 고매한 인격을 유지하면서 아름다운 삶을 살았다. 백세가 되는 생일에 곡기를 끊고 스스로의 생명을 거둔 것은 차마 아름답다고 할 수 있다. 우리가 노년을 어떻게 보내야 할지 전범으로 삼을 수 있는 훌륭한 이야기다.

행복에 관한 연구 조사를 보면 노인이 될수록 행복지수가 높다고 한다. 인생을 관조할 수 있고, 너그러운 관점으로 세상을 볼 수 있으니까 생에 대해서 더 잘 만족할 수 있기 때문에 더 행복하게 느낄 수 있다는 것이다. 남을 도우면서 베풀고 봉사하는 삶이 행복의 지름길이라고 한다. 노인이 되었을 때 어른으로 존경을 받으면서 행복하게 살려면 젊어서부터 인생을 어떻게 살아야 할지 고민을 하고 인생철학을 세워서 살아야만 할 것이다. 이렇게 의미 있는 인생을 살려면 역시 독서를 통해서 인생 공부를 하지 않지 않으면 안 될 것이다. 어떻게 살아야 아름다운 인생길을 걸을 수 있는지 책에게 길을 물으며 살아야 한다.

좋은 책을 읽는 것은 역사에서 가장 훌륭했던
그 책의 저자들과 대화를 하는 것과 같다.
그들과 주의 깊게 대화를 하다 보면, 그들이 가진
가장 훌륭한 생각을 우리에게 보여줄 것이다.
－르네 데카르트

스승에게
길을 묻다

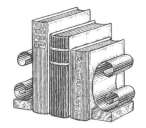

나는 내 인생길을 안내해주는 스승을 만나지 못했다. 장남으로 태어나 독불장군으로 스스로 제 앞가림을 하면서 자라서였을까, 남에게 길을 물었던 적이 없다.

새로운 인생길에 들어서게 되었을 때, 나는 드디어 몇 분의 스승다운 스승을 만나게 되었다.

큰 행운이 아닐 수 없다. 모두 사제의 연을 맺은 것은 아니다. 나 혼자 마음속으로 존경하면서 스승으로 모시는 분들이다. 모두 내 정신세계를 넓혀주신 분들이다.

나의 정신세계를 넓혀주신 세 분의 스승

먼저 인생과 학문의 자세를 가르쳐주시는 선생님이 계신다. 그분은 조선민족사연구를 연구하시는 역사학자이자 문필가이신 김종윤 선생님이시다. 선생님께선 선비의 기개와 학문을 하는 학인의 모범을 보여주신다. 연세가 많으신데도 학문 연구에 애쓰시는 모습을 뵙고, 나도 평생을 학문을 게을리 말아야겠다고 다짐을 하게 된다. 선생님께서 쓰신 대표적인 책으로는 《한국인에게 역사는 있는가》가 있는데, 우리 민족의 역사에 대해 개안을 하게 된다. 그 밖에도 역사의 진실을 파헤친 많은 책을 펴내셨다.

선생님께 인생을 어떻게 살아야 하는지 여쭤본 적이 있다. 적성에 맞는 일을 찾아서 즐겁게 일해야 하지 않겠냐고 넌지시 말씀해주셨다. 선생님께서도 어려서 문학을 하고 싶으셨는데 부모님의 권유로 상고로 진학했고 생업을 위해 소질에 맞지 않은 일을 오래 하시다가 뒤늦게서야 문학의 길을 걷게 되셨단다. 너무 늦게 뛰어들어서 재능을 꽃피우기가 힘드셨단다. 나중에 역사 공부를 하면서 참으로 행복하게 사시게 되셨다고 한다. 참으로 우리 모두가 가슴 깊이 새겨야 할 교훈이 아닐 수 없다.

어려서부터 인생에 대한 고민을 해서일까. 나는 고통스러운 경험을 통하여 인생을 통째로 돌아보게 되었다. 그때 많은 것을 깨달았다. 사람은 자기가 원하는 대로 이루어진다더니 그 뒤로 수련과 명상을 하는 사람들을 많이 만나게 되었다. 내가 뒤늦게나마 훌륭한 분들을 만나게 된 것은 천우신조가 아닌가 모르겠다.

어울 윤성희 선생님을 만나게 된 것은 그야말로 우연의 극치였다. 영업활동을 하던 중 작은 철물점에 들어갔는데, 그곳에서 윤성희 선생과 조우하였다. 선생께선 명상과 한의학의 대가시며 천문과 지리에 두루 통달하신 분이다. 그야말로 무불통지시다. 그 가르침이 너무나 크기에 이루 필설로 형언하기가 곤란하다. 나는 틈나는 대로 선생님으로부터 건강에 관한 가르침을 받아왔다. 선생님께서 우리 인간은 암 등 모든 불치병을 스스로 치유할 수 있으며, 누구나 고통 없는 삶을 살 수 있다고 강조하신다. 실로 인간에겐 어떤 제약이나 한계가 없다는 것을 깨우쳐 주신다. 앞으로도 나는 선생님을 스승으로 모시며 끊임없이 배워나갈 생각이다.

내가 수련의 길로 들어서게 된 데는 또 한 분의 훌륭한 스승이 계시다. 개인적으로 고교 3년 선배이시기도 한 김영선 소장님을 만난 것은 큰 행운이 아닐 수 없다. 선배님께선 커다란 진리를 깨닫고 사랑의 삶을 실천하고 계셨다. 선배님께서 훌륭하신 것은 깨달은 바를 그대로 실천하시며 많은 사람들을 사랑과 깨달음의 길로 인도하고 계신다는 점이다. 선배님께서는 알고리즘연구소라는 뛰어난 대학입시학원을 운영하며 교육자의 길을 걷고 계시다. 너무 훌륭한 곳이라 소개하지 않을 수가 없다.

어떻게 하면 사람들이 자신의 능력을 최대한 발휘하며 참으로 행복한 삶을 살 수 있을까를 고민하다 인간의 뇌 영역을 탐구하였다. 오랜 동안 연구 결과 인간의 뛰어난 능력이 모두 뇌에 있음을 알고 두뇌 개발 알고리즘을 개발했다. 그러한 연구 결과를 학습에 적용하여 고 2~3학년 학생들이 최고의 두뇌 가동 능력을 발휘하여 자신의 최고 능력에 가장 적합한 대학에 진학할 수 있도록 도와주고 있다. 일반 대학입시 학원과는 비교할 수도 없을 만큼 뛰어나다. 자녀들이 인생의 중요한 문제인 대학 입학 문제를 잘 해결하고 인생에서도 유능한 인재로서 참으로 행복하게 살기를 원하시는 부모라면 반드시 알아보아야 할 것이다.

책 속에서 만난 위대한 스승

내 인생에 있어서 세 분 스승을 만나지 못했다면 참으로 어리석게 살아가고 있을지도 모른다. 그걸 생각하면 끔찍하다. 비록 뒤늦게 인연을 맺게 되었지만 너무나 소중한 만남들이다. 그 분들의 삶이 내게 사표이다. 겸손하게 따라만 해도 많은 배움을 얻게 된다. 마음이 나태해지면 가끔 두 분 선생님들과 선배님을 찾아뵙고 가르침을 청해 듣고 있다.

내겐 또 다른 스승들이 계신다. 책 속에서 위대한 스승들을 만나고 있다. 이 세상엔 역사상 위대한 스승들이 많이 존재했고, 또 지금도 우리 곁에 훌륭한 분들이 살아 계신다. 그분들의 말씀이 책 속에 녹아 있다. 책을 통해 시간과 공간을 초월하여 그분들의 가르침을 들을 수 있다. 책 속에서 만난 스승들이 너무나 많다.

레오 버스카글리아 교수, 스캇팩 박사, 류비셰프 등 많은 훌륭한 스승들을 만났다. 그 분들을 사표로 삼고 배움을 멈추지 않고 있다. 몇 푼 안 되는 책을 사면 언제라도 만날 수 있으니 스승을 만나기는 얼마나 손쉬운가. 인생에서 스승을 만나는 복을 누리지 못했다면 우리는 책을 통해서라도 스승을 만나야 한다. 책을 가까이 해야만 하는 이유가 바로 스승을 만나기 위해서인 것이다. 나는 영원히 배우고 싶다.

진정 깨어 있는 삶을 살며, 온 마음으로 내 이웃을 사랑하며, 평생 겸손하게 배우며 살고 싶다. 나아가 오늘 깨달으면 내일 죽어도 좋다는 마음으로 깨달음을 얻기 위해 스승에게 길을 물으며 산다.

책을 읽는 법을 아는 사람들은 그 스스로를
발전시키고 그가 존재하는 방법을 개발하고
그의 인생을 보다 완전하고 중요하게
그리고 흥미롭게 만들기 위하여 독서를 하게 된다.
~올더스 헉슬리

아름다운
책과의
만남

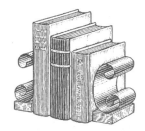

모든 것에는 때가 있고 인연이 있는 것 같다. 사람을 만나는 게 그렇고, 책을 만나는 것 또한 그런가 보다. 친구를 만났기 때문에 책을 만났고, 책을 만났기 때문에 새로운 나 자신을 만나게 되었다. 사람과 책이 인생에서 영향을 주면서 아름다운 궤적을 그려나가는 듯하다. 살면서 친구다운 친구를 만나서 일생 동안 서로의 성장을 도와주고 마음을 나누면서 우정을 키워나간다면 얼마나 행복할까.

나는 어려서부터 친구들을 너무나 좋아했다. 한때는 친구가 인생의 전부였다. 그 많은 벗들이 지금 다 어디로 갔는지 모르겠다. 그저 만남이 좋았고, 어울림이 즐거웠던 아름다운 친구들이 내겐 얼마 남아 있지 않다. 아니, 내가 그들로부터 멀어졌는지 모르겠다. 책이라는 새로운 벗을 만나게 되면서.

내 영혼의 혁명으로 기억된 책

아직도 내민 손이 부끄럽지 않게 덥석 잡아주는 친구가 있다. 그 친구는 예술을 찬미하고, 생의 진정한 의미를 찾아 아직도 고독을 씹으며 방황을 즐기고 있다. 가까이 있을 때 가끔씩 친구를 찾아가 헌책을 내밀며 읽어보라고 권했다. 외면하지 않고 받아주는 친구가 고마웠다. 게다가 읽고 나서 느낌까지 얘기해주니 비록 헌책이지만 선물한 보람을 느끼게 된다. 그 친구와는 오랫동안 우정을 나누어왔다.

고등학교 1학년 때 짝을 했다. 유달리 호기심이 많았던 친구는 모든 것에서 앞서나갔다. 그 와중에도 한자를 잘 쓴다며 내 글씨를 따라서 써보곤 했다. '으쓱' 기분 좋게 해주는 일이 아닌가. 그런 친구가 대학을 진학해서 한동안 방황을 했다. 어릴 때의 나는 친구간의 '우정'이란 덕목을 가장 소중히 여기던 사람이라 친구를 다잡아 주기 위해 큰 위험을 불사하기도 했다. 그러던 즈음, 친구의 집에서 나는 한 권의 책을 발견했다. 인생의 의미를 찾아 방황하던 때 내게 다가온 한 권의 책은 나의 영혼을 고양시켜주었다.

대학을 다니고 있던 친구 형의 서가에서 발견한 그 책은 바로 크리슈나무르티의 《자기로부터의 혁명》이었다. 당시 나는 그 책을 완전히 이해할 수 있다고 느꼈었는데, 얼마나 감동을 했던지 겨울에 고향 친구를 찾아가 열변을 토했다. 그런데 창피하지만 지금 그 내용을 전혀 기억하지 못한다. 그래서 얼마 전에 헌책방에서 헌책을 한 권 사두었다. 나는 책을 두 번씩은 읽지 않는다. 단 한 번의 예외를 빼고는 아직 두 번씩이나 읽은 책은 없다. 한데 나는 이 책만은 꼭 한 번 더 읽어볼 것이다. 도대체 어떤 책이길래 젊은 날의 나를 그렇게 감동시켰을까 매우 궁금하기 때문이다.

《에밀》을 만나서 행복하다

요즘 나에게 화두는 '교육'과 '행복'이다. 둘 중 어느 것 하나를 선택할 수가 없다. 왜냐하면 '제대로' 교육받은 사람은 행복할 수 있고, 행복한 사람은 교육을 받지 않아도 되기에 어느 것이 더 중요하다고 말할 수는 없기 때문이다. 아이들을 키우는 부모로서 교육에 관심이 없는 사람이 어디 있겠는가마는, 나는 우리 아이들 교육을 위해서 많은 고민을 하고 있다. 우리 사회, 국가 차원의 교육에 큰 문제가 있다고 생각하기 때문에 더욱 아이들 교육에 신경을 쓰고 있다. 이런 나의 교육에 지대한 영향을 끼친 책이 한 권 있다. 그것은 바로 루소의 《에밀》이다.

내가 이 책의 존재를 알게 된 것은 위에서 언급한 친구로부터 그의 형님에 관한 이야기를 전해 들으면서이다. 친구의 얘기를 빌리면, 형님께서는 《에밀》이라는 책을 읽고 너무나 감명받은 나머지 다니던 학교를 그만두고 교육대학에 다닐까 하고 고민 하셨다는 것이다. 아니, 얼마나 혁명적인 책을 읽었기에 학교를 그만두고 교육대학에 다니고 싶어 하셨을까. 이때부터 그 책의 제목이 나의 뇌리에 깊게 박혔다.

37살에 드디어 이 책을 손에 잡게 되었다. 어찌나 크게 감명을 받았던지, 그 책을 읽고 써놓은 독후감을 읽어보면 가슴이 울렁거리는 것을 느낄 수 있을 정도다.

나는 그때까지 아이들 교육에는 인성교육이 중요하지 공부가 중요하지 않다고 생각하여 아이들을 마음껏 놀게 했었다.

《에밀》을 읽고 난 후에 그렇게 하기를 참 잘했구나 하는 생각이 들었다. 물론 그 책에 아이들을 마음껏 뛰어 놀게 하라거나 공부를 소홀히 하라는 내용은 없다. 하지만 그는 아이들의 본성을 살리는 자연 교육관을 강조했으며, 스스로 생각할 수 있는 힘을 길러주는 교육을 주장했던 것이다.

이 책은 단순한 교육이론서가 아니다. 루소의 사상과 철학이 녹아있는 인생철학서라고 보면 좋다. 에밀이라는 아이를 진정한 인간으로 교육하는 과정을 통해서 인간, 아이들, 교육, 문화, 종교, 연애, 결혼, 그 밖의 다양한 분야에 관한 루소의 깊은 사색과 통찰의 결과를 잘 드러내고 있다.

루소는 에밀을 가르치면서 자연신관을 제안한다. 루소는 기존의 종교를 부인하나 참된 신앙생활을 제안한다. 또한 자연으로 돌아가라고 외치는데, 여기서 말하는 자연은 물리적 환경인 자연이라기보다는 인간이 태어나면서부터 갖고 있는 본성을 일컫는 것이다. 우리는 흔히 '루소' 하면 자연으로 돌아가라는 단편적인 말로 그의 사상을 이해하고 있는데 이는 커다란 오해이다. 그런 본성에 따라 자랄 수 있도록 교육을 시켜야 한다는 것이다. 특히 어려서는 관념적인 내용에 무지하므로 그런 쓸 데 없는 가르침을 하지 말라고 주의를 주고 있다. 즉 아이는 감각적인 수준에 머물러 있기 때문에 아직 선과 악이라든지 도덕이라는 관념을 이해할 수가 없다는 것이다. 어려서는 감각적인 느낌에도 충실하고 육체적으로도 튼튼하게 단련되어 있어야 한다며 육체와 정신의 균형된 발달을 도와야 한다고 했다.

짧은 지면이라 책 소개는 간략히 마치겠지만 책의 모든 내용에 나는 동의하게 되었다. 아이들 교육에 있어서 나는 《에밀》의 교육관을 따르고 있다. 오늘날과 같은 교육현실에 적용하기가 쉽지 않지만 나는 원칙만이라도 고수하려고 한다.

이 책을 만나서 나는 정말 행복하다. 루소의 교육관은 상상의 산물이기는 하지만 진부한 원칙과 원리가 아니라 우리가 평생을 소중하게 생각하면서 따라야 할 위대한 정신인 것이다. 나는 우리 아이들이 공부만 잘하는 사람으로 자라기를 바라지 않는다. 또한 아이들이 돈을 많이 벌어서 경제적으로만 풍요롭게 살기를 바라지 않는다. 가난해서는 안 되겠지만 적성에 맞는 가치 있는 일을 찾아서 보람 있게 살았으면 좋겠다. 사람들을 사랑하고 도우면서 살았으면 참 좋겠다. 바라는 게 하나 더 있다면, 우리 아이들은 나보다 더 일찍《에밀》을 읽어서 좀 더 빨리 자신들의 아이들 교육에 대해 준비를 했으면 좋겠다.

독서가 새로운 삶을 꿈꾸게 해 줄 것이다. 책이 행복한 삶의 지평선을 열어줄 것이다. 왜냐하면 독서를 하면서 우리는 비로소 새로운 생각을 하기 시작할 것이기 때문이다.

내가
꿈꾸는
책 읽는
가족

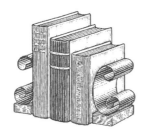

내가 꿈꾸는 가정이 있다. 그것은 온 가족이 책을 사랑하며 누가 책을 더 많이 읽나 내기를 하듯 열심히 독서를 하면서 지속적으로 성장, 발전해나가는 삶을 살아가는 그런 행복한 가정이다.

우리 집에서는 아이들도 책을 좀 읽는다. 일주일에 한 권씩 책을 읽는 것은 최소한의 의무이다. 다만 아직 아내가 수동적으로 책을 읽고 있으며, 마음 내킬 때만 좀 읽는 편이다. 머지않아 온 가족이 더욱 책을 즐겨 읽게 될 것이라 믿는다.

책 마니아의 행복한 이벤트

그렇게 행복한 가정의 모습을 엿보게 하는 책이 있다. 그것은 바로 《서재 결혼시키기》이다. 어려서부터 책을 사랑하는 집에서 자라고, 역시 책과 함께한 가정에서 자란 남편과 사는 이야기가 나오는 책 마니아에 관한 책이다.

결혼해서도 따로 보관하던 책들 중에서 중복되는 것을 골라

내고, 함께 보관하게 되면서 이름하여 '서재 결혼시키기'가 시작된다. 이 책을 읽는 내내 옅은 미소가 지워지지 않았다. 모든 이야기가 다 재미있다. 남편이 생일날 준비한 깜짝 이벤트에 너무 행복했다는 저자의 소박한 행복론에 내가 다 기분이 좋아졌다. 아무 얘기도 하지 않고 먼 길을 나서서 도착한 곳이 바로 헌책방이라서 너무 좋았다고 고백을 한다. 책을 한 10킬로그램 사가지고 돌아왔다니 얼마나 좋았을까 상상만 해도 즐겁다.

이렇게 책을 사랑하는 사람들에게는 우주가 온통 책으로 쌓이길 바랄 것이다. 앤 패디먼을 만나보고 싶다는 생각이 들었다. 내 평생 그런 기회가 올까 모르겠다.

동생과 함께 책 읽는 삶이 행복하다

우리 형제는 나이 차이도 꽤 많이 난다. 성격도 많이 다르다. 게다가 둘 다 분가를 하여 사는 곳도 다르다. 한 어머니 속에서 났지만 많이 다르다. 그러나 우리 두 형제를 꽁꽁 하나로 묶어주는 게 있다. 우리 둘 다 책을 사랑한다는 것이다.

어머니께서는 책이 밥 먹여주냐며 두 아들이 같은 보험회사에 다니며 책을 열심히 사들이고 독서를 열심히 하는 것을 못마땅하게 생각하신다. 밥 벌이가 시원치 않은데 책만 좋아하니까 그럴 법도 하다.

어머니의 눈총을 피해가며 우리 형제는 책을 열심히 사들이고 독서에 열을 올리고 있다. 언젠가 어머님께서 책이야말로 마음의 양식이라며 아이들도 책을 열심히 읽게 하라고 한 말씀 하실 날이 오기를 소망한다.

　처음에 동생은 책을 좋아하는 편은 아니었다. 내가 보험회사에 들어와 일하기 시작했을 때, 동생은 서울 역삼동에 있는 회사에 다니고 있었다. 수원 집에서 통근을 했는데, 출퇴근 시간에 책을 읽으면 좋을 텐데 자리에 앉으면 졸았다고 한다.

　동생이 책을 많이 읽기 시작한 것은 같은 회사에 근무하게 되면서부터다. 동생은 참 착하다. 아내와 아이들 사랑이 큰 동생에게 가족사랑을 전하는 보험설계사의 일이 어떨까 싶어 소개를 했다. 회사 소개 프로그램을 들어본 동생은 좋다며 입사를 결심하게 되었다. 소정의 절차를 거쳐 입사시험에 합격하여 같은 지점의 같은 팀에서 일하게 되었다.

　회사에 입사하면 신입사원들은 책을 좀 많이 읽어야 한다. 사람을 만나고 영업을 해야 하는 일이기에 영업 관련 책이나, 정신 무장을 시켜주는 책을 읽게 된다. 한번 제대로 책을 읽기 시작하자 동생은 점점 책을 많이 읽게 되었다. 나는 곁에서 좋은 책을 읽고 나면 꾸준하게 추천해주었다. 형은 앞에서 끌고 동생은 뒤에서 밀고 점점 우리는 많은 책을 함께 읽게 되었다. 그러면서 대화는 깊어지고 정신적인 교감이 많아졌다. 생각하는 게 같아지니까 점점 더 많은 점에서 서로 닮아간다.

공유하는 게 많아졌지만 자신만의 고유한 색깔은 잃지 않았다. 벌써 오래전부터 동생은 자신만의 독서세계를 구축해나가고 있다. 독서를 통해서 지적 호기심을 충족시키면서 세상에 대해서 깊이 있는 지식을 쌓아나가고 있다. 육아와 교육, 건강, 자아 성장, 깨달음 등 다양한 분야로 독서의 폭을 넓히면서 깊게 공부를 하고 있다. 배운 바를 실제생활에 적용해나가고 있다.

동생은 이번에 셋째를 낳았다. 남들은 하나도 낳지 않으려고 하는 판국에 셋째 아이를 갖는다는 것은 그만큼 인생에 대한 자신감이 있어서가 아닐까 싶다. 동생은 성품이 온화하고 가정적이다. 돈만 많이 벌기보다는 가정에도 충실하고 아이들과도 많은 시간을 함께 하려고 노력을 다한다. 풍족하게 생활을 누리려면 일을 열심히 해서 돈을 좀 더 벌어야 하지 않냐고 해도 인생에서 가정이 가장 소중하지 않냐며 자신의 소신을 굽히지 않는다. 그런 동생이 참 대견스러웠다. 자신만의 확실한 가치관을 정립할 수 있었던 것도 다 독서를 통해서 지속적으로 배웠기에 가능했을 것이다.

전에는 내가 주로 동생에게 책 선물을 했다. 요즘은 내가 동생에게 선물을 받는 게 더 많은 것 같다. 너무나 기분이 좋다. 며

칠 전에도 《Love》라는 책을 선물로 받았다. 책도 주고받으면서 우리 형제의 우애가 더욱 깊어진다.

책을 사랑하면서, 오랜 동안 함께하면서 우리 형제는 서로 많이 닮아갔다. 책을 많이 읽으면서 대화를 나눈다. 좋은 책을 읽으면 서로 권한다. 같은 책을 읽고 느낌을 공유하다 보니 생각도 점점 더 비슷해진다. 경쟁이라도 하듯 책을 많이 산다. 헌책을 사는 취미를 갖게 되었다. 책을 선물하는 습관도 같다. 좋은 책을 읽고 나면 주위 사람들에게 선물을 한다. 책 읽는 모습도 많이 닮았다. 밑줄을 그으며 책을 읽고, 출퇴근을 할 때는 손가방에 책을 넣어가지고 다닌다. 하는 모습을 보면 누가 형이고 동생인지 분간이 안 간다.

읽을 수는 있으나
읽지 않는 사람은 읽지 못하는
사람보다 못하다.
-마크 트웨인

내가
아이들에게
과외를 시키지
않는 이유

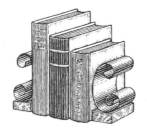

우리 아이들은 과외를 하지 않는다. 학원에도 다니지 않는다. 대신 일주일에 한 권씩 책을 읽는다. 학교 공부가 뒤떨어지는 과목이 있으면 그 과목에 관한 책을 집중적으로 읽는다. 독서를 통해서 학교 공부를 지원하고 있다.

올해 큰아이는 중학교 2학년이고, 작은아이는 초등학교 6학년이다. 중학생인 딸아이는 학원에도 다니지 않을 뿐만 아니라 과외도 전혀 하지 않는다. 6학년 아들은 수학 학습지를 하나 하고 있다. 학원과 과외의 완전한 추방에 유일한 오점이다. 아들은 깊게 생각하기를 싫어하는 편이다. 그래서 학습지에 의존하려고 하는 것 같다.

그렇다고 우리 아이들이 공부를 잘하는 것은 아니다. 무슨 배짱으로 아이들을 학원에도 보내지 않고 과외도 시키지 않냐고 궁금해할 것이다. 나는 아이들을 공부만 잘 하는 기계로 키우고 싶지가 않다. 비록 공부를 좀 못하더라도 감성이 풍부하고 따뜻한 마음을 갖게 해주고 싶다. 시험을 잘 못 봐도 좋으니 책 읽는 것은 빼먹지 말라고 강조하고 있다. 이제 매일 조금씩 책 읽는 것이 습관이 되어서 시험기간 중에도 책을 읽는다. 아이들이 동의하기만 하면 고등학교 때에도 하루도 거르지 않고 책을 읽게 해주고 싶다.

인생을 행복하게 살 수 있는 지혜

딸아이가 중학교에 진학을 하면서 책을 본격적으로 읽게 했다. 초등학교 때에는 공부를 하라거나 책을 읽으라고 간섭하지 않았다. 마음껏 뛰어놀게 했다. 초등학교를 졸업하는 딸에게 책을 몇 권 선물했다. 그런데 선물한 책도 빨리 읽지를 않았다.

어느 날 집에서 가만히 아이들을 살펴보니 TV를 너무 많이 보는 것이었다. 처음에는 TV 보는 시간을 줄여보려고 책을 한 시간 읽어야만 TV를 30분 볼 수 있는 권리를 가질 수 있다고 했다. 이렇게 해서 아이들이 하루에 한 시간씩 책을 읽게 된 것이다. 처음부터 한 시간씩 책을 보지는 못했겠지만, 어쨌든 TV 보는 시간이 줄었다. 그러다가 일주일에 책을 한 권씩 읽는 것이 어떠냐고 권했다. 사실 하루에 한 시간씩 책을 읽는 것이나 일주일에 책을 한 권씩 읽는 것이나 별반 차이가 없었다. 오히려 하루에 한 시간씩 책을 읽는 것이 시간이 더 많이 걸릴 것이다. 대개 아이들이 읽는 책은 얇아서 일주일에 나눠서 읽으면 30분만 읽어도 되는 책이 많기 때문이다. 아이들도 흔쾌히 동의를 했다.

다음 단계로는 독후감을 쓰도록 권유했다. 모든 것이 조금씩 야금야금 진행되었다. 이번에는 좀 치사한 방법을 동원했다. 나중에도 읽어볼 수 있게끔 노트에 독후감을 쓰면 1,000원씩 준다고 했다. 토요일까지 쓰면 1,000원, 일요일까지 쓰면 500원씩 주겠다고 했다.

딸아이는 공부 습관을 들이지 못했다. 일찍 일어나지도 못했다. 시험 성적은 잘 받고 싶은데 공부는 열심히 하지 않으니 성적이 잘 나올 리가 없었다. 나는 딸아이에게 시험공부를 하지 말고 공부를 해야 한다고 누누이 이야기를 해주었다. 아이는 아직 노는 것을 좋아했고, 친구들을 만나는 것을 좋아했다. 꿈이 없기 때문에 열심히 공부하지 못하는 것임을 알기 때문에 나는 아이에게 동기부여할 수 있는 방법을 찾으려고 고민했다. 꾸준하게 꿈에 관한 책을 사주었다. 누구나가 그렇겠지만 그렇다고 하고 싶은 게 금방 생기지 않았다. 그저 조금씩 관심을 갖다가 말 뿐이었다. 그렇다고 억지로 무얼 하라고 할 수도 없는 노릇이었다. 묵묵히 괜찮다 싶은 책을 사다가 줄 수밖에.

1학년 동안 성적은 그다지 좋아지지 않았다. 하지만 책은 꾸준하게 읽었다. 수학 과목이 어렵다고 할 때는 수학에 관한 여러 가지 책을 사다 주어 읽게 했다. 그 결과 수학 실력이 월등하게 향상된 것은 아니지만 1학년 2학기 때는 100점을 받기도 했다. 이렇게 책을 읽는 능력을 활용하니 학교 공부에도 도움이 되었다. 1학년 겨울 방학 때는 성적이 저조한 과목을 2과목 선정해서 2학년 교과서를 10번씩 읽게 했다.

2학년이 된 지금도 딸아이는 학원에 다니지 않는다. 아직도 성적은 중위권밖에 되지 않지만, 앞으로도 절대 과외를 시키거나 학원에 보내지는 않을 것이다. 그래도 공부하라고 등을 떠밀거나 강요하지 않는다. 스스로 공부하기를 기다리고 있다. 설령 공부에 취미가 없어서 공부를 하지 못한다 해도 할 수 없지 않은가. 자기 인생은 자기가 책임져야 하니깐 말이다. 내가 이렇게 하는 것은 확고한 신념이 있기 때문이다. 나는 아이들에게 학교 공부도 중요하지만 더 중요한 것은 인생을 행복하게 살 수 있는 지혜를 배우는 것이라고 생각한다. 그런 지혜를 배울 수 있도록 책 읽기를 권하고 있다.

이제 우리 집은 과외나 학원이 없는 청정지역이 되었다. 참으로 행복하다. 나는 어떻게 하면 아이들이 꿈을 갖게 해줄까를 고민하고 있다. 아이들이 꿈을 갖는다면, 필요하다면 공부도 열심히 할 것이라고 믿기 때문이다.

책을 사랑하는 사람은 마음이 예쁘다

나는 책이 정신적인 성장과 진리 추구에 반드시 필요하다고는 생각하지 않는다. 다양한 길을 보여주고 가능한 대안들을 제시할 수는 있지만 오히려 장애물이 될 수도 있음을 잘 알고 있기 때문이다. 하지만 스승다운 스승을 찾기 어려운 오늘날 가장 손쉽게 접할 수 있는 게 책인 것만은 분명하다. 매와 같이 날카로운 눈을 갖고 대한다면 책에 빠지지 않으면서도 인생에 도움이 되는 많은 지혜를 얻을 수 있을 것이다.

그리고 나는 책을 읽으면서 밑줄을 열심히 긋고 있다. 《밑줄 긋는 남자》라는 책에서 주인공이 밑줄 친 부분을 따라가다가 연인을 발견하듯이, 아이들이 밑줄 쳐진 책을 읽으면서 인생의 나침반이 될 정신의 징검다리를 발견하기를 희망하면서 말이다.

내가 아직 어린 우리 아이들에게 독서 습관을 들여주고 싶은 이유는 책을 읽으면서 즐거움을 얻기를 바라기 때문이다. 여타의 활동에서 얻을 수 있는 큰 기쁨이나 환희처럼 큰 쾌락이 아닐지라도 작은 발견, 가벼운 동감에서 빙그레 미소 지을 수 있는 잔잔한 즐거움을 느끼면서 만족하는 삶을 살아가기를 바란다. 그러다가 나이가 들어가면서 삶과 존재의 이유를 찾거나 정신적인 성장을 도모하거나 진리를 추구하는 것처럼 보다 의미 있는 독서를 할 수 있었으면 하고 바라는 것이다.

아이들이 하고 싶은 일을 하고 책을 사랑하면서 행복하게 살 았으면 좋겠다. 큰 꿈이 있어도 좋겠지만, 그저 자기가 하고 싶은 일을 하면서 기쁘게 사는 가운데 늘 책을 읽으며 정신적으로 풍 요로운 삶을 산다면 얼마든지 만족하면서 행복하게 살 수 있을 것이니깐 말이다.

인생의 진정한 의미는 경제적인 풍요나 명예 혹은 권력에 있 는 것이 아니고 자기 성장과 발전에 있지 않은가.

책을 읽는 사람은 행복하다. 책을 사랑하는 사람은 마음이 예 쁘다. 마음이 예쁜 사람은 외모도 예쁠 수밖에 없다. 아이들이 책을 읽으며 행복하게 살았으면 참 좋겠다.